子どもこの尊きもの

モンテッソーリ教育の底を流れるもの

片山忠次 Katayama Chuji 著

法律文化社

まえがき

幼少期教育の重要性が叫ばれて久しく、遊び、生活、環境などを重視した幼児教育・保育の取り組みがなされてきています。そのなかにあって、モンテッソーリ教育が広がり深まってきています。

モンテッソーリは、子どもの自立・自由・個の確立・子どもへの援助を重視しています。

これらの考えをよく見ると、モンテッソーリの教育思想の底には、子どもの尊重が一貫して流れていることがわかります。モンテッソーリが、子どもの自立・自由・個の確立・子どもへの援助を提唱するのも、そのことによって子どもが全人的に成長し、一人ひとりが尊い存在として未来を切り開いて生き抜いてくれるのだ、という希望をもち続けていたからなのです。

ここに掲載した論考は、京都モンテッソーリ教師養成コース編になる『自由を子どもに』誌に掲載されたものと同コースでの講義から、モンテッソーリの子ども尊重の思想を扱ったものを選んで構成したものです。

ここに採り上げた論考は、時の流れを経ているものもありますが、モンテッソーリの教育思想は変わらないとの思いから再録したものです。再録した論考に若干の修正・加筆をしましたが、原著の意図はできるだけ残したいとの思いから、あえて大部分を原著のままにしました。そのために、くり返しが多くなりましたし、表記も一定していません。また、考察に不十分な点もあるのですが、それらは今後の課題として残りました。

最後になりましたが、このような形でまとめさせていただけましたのも、京都モンテッソーリ教師養成コースを開設され、多くの保育者を世に送り出してこられた赤羽恵子先生が転載をご快諾くださったことによるのです。赤羽先生のご厚情に改めて感謝いたします。

なお、このたびもまた、快く出版をお引き受けくださった法律文化社社長の田靡純子さんと細かいところにまでご配慮いただいた編集部の徳田真紀さんに深く感謝いたします。

二〇一九年四月

片山忠次

目　次

第5章　〈ふれる〉ことによる保育：モンテッソーリ教育の一視点――84

第1章 〈子どもから〉の教育思潮とモンテッソーリ

一 〈子どもから〉の教育思潮

教育史上、一九世紀末から二〇世紀初頭にかけて、〈子どもから〉という教育的標語のもとに展開された一連の教育運動がありました。この教育運動は、一九〇八年にドイツのハンブルクで学校改革連盟が創設され、そのなかで〈子どもから〉の教育の主唱者であったグラーゼルの思想的影響で一層広がったとされています。そして、この〈子どもから〉の標語のもとでの教育運動は、新教育運動とも捉えられているのです。

ところで、〈子どもから〉の教育運動は、子ども中心主義の教育運動なのですが、西欧の教育史を辿ってみると、子ども中心主義の教育思想はすでに二〇世紀以前の早くからみられます。そこで、〈子どもから〉の教育に連なる子ども中心主義の教育思潮のあらましを辿ってみたいと思います。

◉ルソー

教育思想史上、初めて「子どもを発見した人」といわれるジャン・ジャック・ルソー（一七一二―一七七八）の思想は、人間・政治・社会・文化・倫理・宗教・教育と多岐にわたって展開されています。

そのなかで、彼の教育思想は近代教育学の基礎を築いたものだ、とみることができます。別言すれば、ルソーの教育思想は、市民的自由と自立心を身につけた近代的人間の育成をめざすものであったのです。そして、この人間育成は、何よりも子どもの教育から始められるべきだ、とルソーは考えたのです。

ルソーは、一七六二年に著した『エミール』の冒頭で、

> 創造主の手から出るとき事物はなんでもよくできているのであるが、人間の手にわたるとなんでもだめになってしまう。（中略）人間は何ひとつ自然がつくったままにしておこうとはしない。人間自身をさえそうなのだ。

と言っていますが、この言表は、人間（子ども）は元来よき者として生まれてくる、という彼の思想を表明したものなのです。そして、ルソーはこのよき者として生まれてくる根源

的人間を「自然人」と捉えています。この自然人について、彼は、

自然人はまったく自分のためにのみ存在するのだから、彼は数の単位、絶対的な整数である。（前掲書）

と言っています。

ルソーのこの表明は、自然人は一人ひとりがこの世で絶対的な「一」として存在しているのだ、ということを示したものです。さらに言えば、自然人としての人間は、だれとも取り代えることのできない尊厳をもった一人の人格者（本来的自己）として存在しているのだ、ということを説いたものです。これを敷衍《ふえん》すれば、ルソーは大人になる前の子どももすでに人格を具えた尊厳のある存在であると捉えていた、とも言えるのです。彼が、

人間存在は、子どもから始まる。（前掲書）

と言っているのは、このことを示しているのです。

このように理解すると、よき者として生まれ、個としての尊厳をもつ子どもの教育は、

まず何よりも〈子どもから〉の教育であるべきだ、とルソーは考えていたと言うべきでしょう。

ところで、ルソーは『エミール』のなかで、

わたしたちは、ものを学ぶことはできるが、なにもできず、なんにも知らない状態で生まれるのだ。

無力で生まれ多くのことを学びながら大人になっていく、子どもが大人へと成長していく。

と言っていますが、これは人間は完成された大人として生まれるのではなく、無力な状態で生まれ、徐々に多くのことを学びながら成長していくのだ、ということを示したものです。子どもが大人へと成長していくためには教育を必要とします。

それならば、ルソーはどのような教育を考えていたのでしょうか。彼は子どもの自然本性に従う教育を説いています。そのために、何よりも子どもの自然本性のはたらきをよく見る（観る）ことが肝要です。

自然を観察しなさい。そして自然の示してくれる道に従いなさい。（前掲書）

このように言って、ルソーは子どもの自然本性のはたらきをよく観察することから教育が始まるとするのです。これは、〈子どもから〉の教育を進めることにほかなりません。そして、彼にとって、〈子どもから〉の教育は、子どもを尊重することでもありました。彼は言っています。

子どもの時代を尊重しなさい。（前掲書）

これが、ルソーの〈子どもから〉の教育の基本だったのです。

◉ペスタロッチ

スイスに生まれたヨハン・ハインリッヒ・ペスタロッチ（一七四六－一八二七）は、その生涯を貧児の教育に捧げた人です。彼の教育もまた、子どもから始まっています。農業経営のために入手した土地を「ノイホーフ」と名づけ、そこで農業のかたわら貧児の教育をしたときの子どもについて、ペスタロッチは次のように報告しています。

どれほど落ちぶれた人間の魂にも人間性は生まれてくるもので、きびしかった長い歳月の後、やさしい人間の手がさしのべられたときには、惨めにうちすてられた子どもの目から、感じやすい驚きの光がさしてくるものです。（「ノイホーフだより」）

ここには、社会・家庭から打ち捨てられて人間らしい生活のできない子どもの内面には、人間の温かさに触れると、人間らしさを取り戻すものが秘められていることを示すと共に、それゆえにこそ、子どもを中心にして子どもからの教育の可能性とその重要性が示されているのです。

それと同時に、前掲の報告は、どの子どもにも人間の諸能力と諸素質が具わっている、ということを示すものです。ペスタロッチは、その諸能力と諸素質は神から与えられたもので、それは伸びる可能性を秘めて子どもの内奥に深く「芽」として潜んでいる、とするのです。そのために、ペスタロッチにとっては、教育とはこの「芽」が十全に伸びるように保護し助けることであったのです。そのことをペスタロッチは彼のもとに幼児教育を学びに来ていたイギリス人グリーブスに宛てて次のように言っています。

どの子どもも伸びる可能性を秘めている自然本性の力の芽としてもっている。この芽が伸びるように助けることによって子どもは伸びていく。（『幼少期教育についての手紙』）

この言表から、子どもの有する素質・能力の芽を保護し助けるというペスタロッチの教育思想を読みとることができます。そして、彼のこの教育思想は、子どもを中心とした〈子どもから〉という考え方が基底をなしている、と言ってよいでしょう。

◉フレーベル

世界で初めて幼稚園を創設し、以後の幼児教育に大きな足跡を残したフリードリッヒ・ウィルヘルム・アウグスト・フレーベル（一七八二－一八五二）は、その著『人間の教育』において、

人びとは、若い人間を、欲するままにこねあげることのできる蝋か粘土の塊とみている。

と批判し、子どもには絶えず生成し自己発展する能力の芽があるとも言って、教育は子どもを大人の思いどおりにしてはならないとしています。それは、子どもの内面には人間的

能力として伸び発達する芽が具わっている、とフレーベルは確信していたからなのです。この芽を育成するためには、子どもを中心とし、子どもからの教育をしなければならない、とフレーベルは考えていたのです。

そして、子どもに具わっている伸びようとする芽は、絶えず生成し続け、自己発展する、とフレーベルは捉えています。この自己発展は内面の表現でもあるのですが、実は、この内面表現は活動を通してみられるのです。この意味では、子どもは自己表現する存在だ、と言えるのです。自己表現する存在としての子どもは、活動によって自己を表現します。

それゆえに、フレーベルは、

> 子どもには十分活動させることが大切である。（前掲書）

と言うのです。

フレーベルは、子どもの自己表現の活動は「遊び」である、と捉えています。このことを別言すれば、自己表現をした子どもの人間的な姿は遊びにみられる、ということなのです。したがって、子どもの遊びを抑えてはならないのであって、かえって遊んでいる子どもから本当の子どもの姿を読みとることが重要なのですし、このことが教育の出発点なのです。そのことをフレーベルは次のように言っています。

子どもたちから、学ぼうではないか。かれらの生命のかすかな警告にも、かれらの心情のひそかな要請にも、耳を傾けようではないか。子どもに生きようではないか。そうすれば、子どもたちの生命は、われわれに平和と悦びをもたらすであろう。そうすれば、われわれは賢明になり始めるであろう。いや賢明であり始めるであろう！（前掲書）

フレーベルはこのように言って、まず大人が子どもから学ぶべきだ、と提唱するのです。それは、子どもの内的生命の現れを見て、そこから子どもにどのように対応したらよいかを学ぶことがまず最初だ、ということを意味しています。

この学びから、大人が子どものために生きることによって、子どもは生き生きとした生命のはたらきを現すことがわかるのです。それはまた、子どもが生き生きとするだけでなく、大人に平和と悦びをもたらす、とフレーベルは言うのです。このことは、子どもが人間社会を明るく豊かにするのだ、ということでもあります。このように理解すれば、子どもを中心とした〈子どもから〉の教育が子どもの成長と社会発展のために不可欠の要件なのです。フレーベルの教育思想は、このような意味をもっていたのです。

◉エレン・ケイ

前述のルソー、ペスタロッチ、フレーベルの教育思想は、近代における〈子どもから〉の教育思想の表明として注目に値するものですが、二〇世紀になって〈子どもから〉の教育思想がより鮮明に表明されるようになりました。その先駆けとなったのが、スウェーデンのエレン・ケイ（一八四九－一九二六）でした。

一九世紀末から二〇世紀初頭にかけてのスウェーデンは、急速に工業化が進み、その結果、農業経済が崩れ、人口の都市集中化・商業化と共に農民の貧困化が深刻となり、社会構造に大きな変化が生じてきました。こうした状況を見て、人びとの生活を改善するには教育によるほかない、とケイは考えたのです。

しかし、当時のスウェーデンの教育は大人中心の、しかも因習を引きずった教育でした。そのことを、ケイは次のように評しています。

今日の教育は、ただ技巧ずくめである。

（『児童の世紀』）

幼稚園は単に製造工場に過ぎない。こどもたちはここで、自分自身の好みに応じて粘土饅頭を造るかわりに模造することを教えられる。（前掲書）

このように言って、ケイは、この古い殻を破る教育がまず必要だ、と考えたのです。そして、この古い殻を破る教育は子ども中心の教育だ、としました。ケイは、この教育によって子どもが生き生きとした力を身につけて、明るく新しい社会を築いてくれるならば、子どもにとっても大人にとっても幸福をもたらす、と確信したのです。このように捉えて、ケイは「二〇世紀は子どもの世紀である」と言ったのです。

子ども中心の教育の根幹をなすのは、子どもの自然本性に従うことだ、とケイは捉えています。そのことをゲーテの教育思想に依拠して、

（この新しい教育法は）自然をして静かに徐ろにその成り行くがままにあらしめて、その自然の働きを助けさせるように配慮して行くことをいうのである。これこそ教育である。（前掲書）

と、ケイは言っているのです。

人間（子ども）の自然本性のはたらきは、目には見えないけれども、少しずつ確実に動いているのです。この自然本性のはたらきは生命（いのち）のはたらきである、とみることができます。このことから、自然本性のはたらきを大切にするというのは、生命（いのち）のはたらきを大切にすることなのです。

学校はただ一つの大目的を持っているだけである。大目的とは何であるか。（中略）それは生命と幸運（自己活動のこと）とを、制度と方法との位置に立ち代らせることである。

ケイは『児童の世紀』のなかで、こう言っています。この言表から、ケイが子どもの生命と自己活動を重視した教育を提唱していたことがわかるのです。

子どもの生命（いのち）は、精神的であれ、身体的であれ、彼の奥深いところではたらいています。そして、いかなる人も、いかなる方法でも、このはたらきを止めたり、変えたりすることはできないのです。もし、このはたらきを抑えたり、ゆがめたりすると、子どもの成長発達は阻害されるのです。それはちょうど、流れゆく水を遮ったり、止めようとすると、溢れたり横へ流れたりするようなものです。

子どもの生命（いのち）のはたらきを生き生きとさせるのは自己活動です。子どもは、元来、活動したい存在です。子どもは活動することによって、生命（いのち）が生き生きとし、十全に成長していくのです。この意味で、生命（いのち）と自己活動は表裏一体なのです。自己活動を通して、子どもは生き生きとしてきます。このことは、子どもが尊い一人の人間としての姿を現すのだ、ということを意味します。このように捉えて、目の前に子どもがいるというのは、全き一人の人間がいることなのだ、とケイは言うのです。そのことを、

真に教育者の認識せねばならない究局事は、おのれの面前に一箇の全く新しい心霊、一箇の真の個我（中略）が存在するということである。（前掲書）

と、ケイは言っているのです。この言表には、一人の子どもを目の前にするとき、そこには絶対的価値をもった人格者としての子どもを見ているのだ、ということが示されているのです。こうして、ケイは、絶対的価値を具えた人格者としての子どもを尊重すべきだ、とします。

こどもの歓びを尊重せよ。こどもの趣味を尊重せよ。こどもの事業を尊重せよ。（前掲書）

このように言って、ケイは子どもを尊重することを強調するのです。これがケイのいう子どもを中心とした教育の基底だったのです。そして、その子ども中心の教育は、何よりも子どもを生き生きさせることでなければなりません。

フレーベルの定理「こどものために生きよう」という章句は、もっと意義のある「こどもを生かそう」というふうに改変されねばならない。（前掲書）

ケイはこのように言っていますが、ここには、社会の重圧や大人の偏見から解き放って、子どもを生かすことが教育だ、とするケイの強い願いが示されているのです。それはとりもなおさず、子どもを生かすのは何よりも〈子どもから〉の教育なのであり、これを見失ってはならない、というケイの教育思想が表明されたものだ、と言ってよいのです。

◉デューイ

経験主義教育を提唱したアメリカの教育学者のジョン・デューイ（一八五九－一九五二）も、〈子どもから〉の教育を強調した人です。

一九世紀末のアメリカでは、科学技術の発展に伴って社会が大きく変わっていくときでした。そのなかにあってアメリカの教育は、教師と教科書が中心で、子どもにとっては暗記を主とする学習であったのです。この学習では、子どもは受身的であり、習得した知識は生活に役立たないものでした。

この時にあって、デューイは、子どもの知識は実生活のなかで生かされるものでなければならない、と考えました。そこで、彼は、

伝統的な学校教育には児童が活動し、仕事をするための余地は殆んどないのである。（『学校と社会』）

と評し、さらに、

生活することが第一であって、学習は活動することをとおして、また生活することとの関連において行われるのである。（前掲書）

と捉えて、学校を生活と関連づけることを提唱したのです。すなわち、デューイは、具体的な生活を通して、別言すれば生活経験を通して子どもは学ばなければならない、と唱え

たのです。これは、従来の教育からの転換をして、〈子どもから〉の教育を提唱したものだったのです。そのことをデューイは、シカゴ大学での実験学校の成果を報告した『学校と社会』のなかで、次のように言っているのです。

旧教育は、これを要約すれば、重力の中心が子どもたち以外にあるという一言につきる。重力の中心が、教師・教科書、その他どこであろうとよいが、とにかく子ども自身の直接の本能と活動以外のところにある。それでゆくなら、子どもの生活はあまり問題にならない。子どもの学習については多くのことが語られるかもしれない。しかし、学校はそこで子どもが生活する場所ではない。いまやわれわれの教育に到来しつつある変革は、重力の中心の移動である。それはコペルニクスによって天体の中心が地球から大陽に移されたときと同様の変革であり革命である。このたびは子どもが大陽となり、その周囲を教育の諸々のいとなみが回転する。子どもが中心であり、この中心のまわりに諸々のいとなみが組織される。

この言表から、デューイがいかに教育における重力の中心を教師・教科書から子どもへと、その転換を図ったかがわかるのです。それはまさにコペルニクス的転換の〈子どもから〉の教育の発想だったのです。

子ども中心の教育を唱えるデューイは、子どもたちは何よりもいろいろなことをするのが好きで、じっとしておれないのだとして、子どもの活動を重視するのです。しかも、その活動は子どもにとっての生活でなければなりませんでした。


児童は活動する瞬間、自らを個性化するものである。（前掲書）

デューイは、このように言って、子どもは活動によって個性的人間になることを指摘しています。ここにいう個性的人間とは、他のだれとも違う人格を具えた絶対的個のことなのです。このことから言えば、子どもは活動を通して絶対的尊厳としての人間になる、とデューイは捉えていたと言ってよいのです。以上のことを約言すれば、子どもは活動することによって、みずから人間となっていくのです。この意味から、教育の出発点は子どもにあるのです。

ところで、子どもは活動によって経験を重ねていきます。そして、この積み重ねが、子どもの未来につながっていくのです。そのことをデューイは、あらゆる経験が、将来の一層深い、また一層広い性質をもった経験に対する準備として寄与する。

（『経験と教育』）

と言っているのです。この言表は、教育を生活経験だ、とデューイがみていたことを示すものです。しかし、この生活経験がどのように広がり、それが子どもの未来にどのようにつながるのかを、教師は見つめ導くのでなければならないのです。ここに、教育者の大きな責務があるのです。デューイは言っています。

教育者は、他のどのような職業人よりも、（子どもの）遠い前進を注視することに心を用いなければならぬ。

（前掲書）

デューイの教育思想は、子どもの活動・生活経験を重視したもので、進歩主義教育と言われてきました。こうしたデューイの教育思想は、教材・教育指導・環境・学習などは、すべて〈子どもから〉ということなのです。このデューイの教育思想は、やがてアメリカのみならず全世界に広がり、受け継がれ、改善・深化されていったのです。

◉モンテッソーリ

ローマ大学医学部を卒業して、一九〇七年にローマのサン・ロレンツォーで「子どもの家」を開設し、教育実践をしたマリア・モンテッソーリ（一八七〇－一九五二）も、〈子どもから〉の教育思想が一貫していました。

モンテッソーリは、一九三六年に著した『幼児の秘密』のなかで、エレン・ケイが「二〇世紀は子どもの世紀である」としたのと同じく、みずからも二〇世紀は子どもの世紀であると捉え、これからの教育は子ども中心でなければならないとしています。

モンテッソーリは、一九世紀末ごろまでのイタリアでは、社会制度・環境・人間的権利・教育など、人間生活のすべてにわたって大人中心であり、子どものことは考慮されていなかったと言い、人類史のなかで子どものことについては空白であったとするのです。別言すれば、今まで子どもは忘れられた市民だったのです。そのことをモンテッソーリは、

今のところ、子どもは世界のどの地域においても十分に理解されていないのです。（前掲書）

と言っています。

　このように捉えたモンテッソーリは、子どもは、元来、大人と同時に存在している人間社会の構成者なのであり、大人と同じく生きる権利をもっている崇高な人格者でもある、と説いています。そのことをモンテッソーリは、

　　子どもは人間として崇高な価値をもつ人格者なのです。

（『平和と教育』）


と言っているのです。

　ところで、社会は絶えず改革され発展していきますが、この改革・発展の役割をやがて子どもが担っていきます。とはいえ、子どもは無力に見えます。実は、子どもは大人（人間）になる秘密に満ちた存在なのです。子どもは成長と共に、独り立ちした大人になる秘密を外に現してくるのです。

　子どもが社会構成員としての大人となるのは、何によってでしょうか。それは活動によってなのです。モンテッソーリは、子どもは活動を好むと捉え、その活動によって大人になるのだ、と言います。

子どもは、体をはたらかすことによって、独り立ちすることを探し求めているのです。

（『吸収する心』）

このようにモンテッソーリは言っていますが、ここにいう「独り立ちする」とは、社会のなかで生きる一人の人間になることを意味しています。そのため、子どもの活動を重視しなければならないのです。

子どもの活動を抑えることは、子どもを抑えることではなくて、（子どもの）自然本性のはたらきを妨げることなのです。

（前掲書）

このモンテッソーリの言表から、子どもが大人になっていく秘密を解き明かすためには、子どもの活動を抑えたり、妨げないで、まず子どもの活動を注意深く観察しなければならない、と言っていることが読みとれるのです。この観察は、大人が子どもから学ぶことでもあります。さらに言えば、この学びはどのように子どもの活動を助けたらよいのかを学ぶことでもあります。このようにして、どのように子どもの活動に援助の手をさしのべていくのかを見極めていくのが教育なのです。

こうした大人の援助を受けて、子どもは独り立ちし、未来を担う人間へと成長していくのです。モンテッソーリは、

子どもは、（中略）人類にとっての希望であり、明るい約束でもあります。（前掲書）

と述べていますが、この言葉は、人類の未来社会は子どものものであり、子どもを教育することによって、希望に満ちた明るい未来が開かれる、ということを示したものです。ここには、人類の明るい未来は子どもから始まるというモンテッソーリの希望の哲学が基底に流れているのです。

二　〈子どもから〉の教育思潮に学ぶもの

時代と共に社会の様態や価値観が激しく変化するなかにあって、教育（保育）の在り方もそれに応じて対応しなければなりません。しかしながら、人間育成に係る教育（保育）においては変えてはならないものがあります。むしろ、時代や社会の変化にかかわらず動かしてはならない理念があるはずです。それはいつの時代にも変わることなく、人間であらし

める子どもの根っこを育てるということなのです。

このような視点に立つとき、〈子どもから〉の教育思潮のなかには、今日わたしたちが学びとり、教育（保育）に生かしていくべき理念・指針がある、と思うのです。

その一は、子どもには人間として伸びる力の芽が具わっている、ということです。子どもは不完全で、何もできない状態で生まれてくるのですが、成長すると共に人間になっていくのです。このことは、子どもから人間（大人）が生まれるのだ、と言えるのですし、子どもが人間（大人）の根源なのだ、と言ってもよいのです。

子どもから人間（大人）が生まれるというのは、子どもにはその内奥に人間（大人）になるための伸びる力の芽が具わっているからなのです。それゆえに、教育（保育）においては、何よりもまずこの力の芽を保護し、それが十分に伸びるよう助けることが大切なのです（ペスタロッチ、フレーベル、モンテッソーリ）。教育（保育）がまず子どもから始まらねばならないのはこのためなのです。

その二は、子どもは学ぶ存在だ、ということです。

無力で何もできない状態で生まれてきた子どもは、いろいろなことを学びながら成長していきます。別言すれば、この世に生まれてきた子どもは、自分を取り巻いている環境を吸収し、学びを重ねながら人間（大人）になっていくのです（ルソー、モンテッソーリ）。ですから、子どもは学ぶ存在であることを忘れてはならないのです。

その三は、子どもは独り立ちする存在だ、ということです。

〈子どもから〉を唱える教育思想家たちは、だれもが子どもの活動を重視しています。これは、子どもは活動を通して自己の内面を表出し、一人の人間となっていく、と捉えているからなのです。ここにいう一人の人間とは独り立ちした人間のことです。

元来、子どもは独り立ちしようとしている存在です。そのために、子どもは活動をしたがるのです。このゆえに、独り立ちできるように子どもを助けることが肝要であって、子どもの活動を抑えたり、妨げてはならないのです。子どもの活動を抑えることは、活動したいという子どもの自然本性の欲求を抑え阻害するものであって、〈子どもから〉の教育に逆行することなのです。

それゆえに、子どもの活動したいという自然本性の欲求に寄り添って、子どもが人間として独り立ちできるように手をさし伸べるのが教育（保育）だ、と言うべきなのです。

その四は、子どもはすでに人格を具えている、ということです。

すでに何度も触れてきましたが、子ども——特に、幼い子ども——は、能力的に無で頼りないように見えます。しかし、その子どもには人間としての人格が具わっているのです（ルソー、ケイ、モンテッソーリ）。別言すれば、子どもは一人ひとりがすでに尊厳ある人格者なのです。したがって、子どもは頼りないと軽視するのではなく、かえってわたしたちは子どもを尊重しなければならないのです（ルソー、ケイ、デューイ、モンテッソーリ）。教育（保育）において、このことを忘れてはならないのです。

その五は、子どもは未来の希望である、ということです。

現代は社会が急激に変化し、先行き不透明ななかにあって、人びとは不安のうちに生活しています。この限りにおいて、人びとの未来は暗いのです。人びとの未来を救い明るくするのは子どもなのです。このように捉えた〈子どもから〉の教育思想家たち（ケイ、デューイ、モンテッソーリ）は、子どもに希望を託し、新しい時代に向けての教育を説いたのです。

このようにみてきますと、〈子どもから〉の教育思想家たちには、子どもは生きていくための力の芽をもっており、これを十全に伸ばすことによって、子どもは生き生きとした人間になる、と確信していたことがわかるのです。そして、子どもがこうした人間になることで、未来社会が明るく開かれる、と捉えていたのです。このことは、〈子どもから〉の教育は、明るい未来社会を築くのは子どもであり、その未来社会の到来のために希望を子どもに託したものだ、ということを示しています。

とはいえ、子ども――特に、幼い子ども――は、自分の力の芽を十分に伸ばし、明るい未来をつくり出していくために、大人の助けを必要としています。子どもが未来を担って生きるためには、独り立ちできなければなりません。そのために、子どもが独り立ちし、前へ前へと進んでいけるように助けることが大人の仕事なのです（デューイ、モンテッソーリ）。特に、教育者（保育者）の務めは大切なのです。

ところで、モンテッソーリの〈子どもから〉の教育思想は、他の思想家たちと同様に子どもを信頼し、子どもに希望を託したものでした。この限りでは、表現の違いはあるにしても、モンテッソーリの教育思想は他の思想家たちと同じ地平に立っているとみることができます。

しかしながら、モンテッソーリの教育思想は、カトリック者としての宗教と医学者としての科学性に基づいているところに他の思想家たちと趣きが異なる点があります。しかも、モンテッソーリは、一貫して子どもの出生前からの発達と教育を説き、その教育が今日もなお、世界に広がっていることは見逃せません。

このような点を視野に入れて、モンテッソーリ教育を学び実践することが大切なのです。

（京都モンテッソーリ教師養成コースでの講義）

第2章　子ども存在の意味

一　子ども存在を問う

第二次世界大戦中に、生活を共にした二〇〇人の子どもたちと一緒にナチス・ドイツによってトレブリンカ強制収容所のガス室へ送られ、生涯を閉じたヤヌシュ・コルチャック（一八七八－一九四二）は、『もう一度子供になれたら』という一書を残しています。コルチャックは、この書のなかで、子どもたちが言わず語らずのうちに、あるいはあからさまに社会や大人たちの重圧のもとに打ちひしがれて、子どもらしさを失っていることを指摘し、もう一度子どもに戻りたいかと問われれば、「もう子どもに戻りたくない」と言っています。

それは、現状が続く限り、社会や大人の重圧は変わらず、未来に子どもが子どもらしく生きることができる希望が見出せない、とみたからなのです。子どもの未来に希望がもてないというのは、コルチャックにとっては絶望に近いものだったのです。「もう子どもに戻りたくない」というのは、コルチャックの叫びなのですが、この叫びは悲壮な叫びだったのです。しかも、この叫びは、子どもは本来、いかなる存在か、を問うものだったのです。

ところで、目をわが国に転じてみますと、一見平和で幸い多いように見えますが、子どもは社会の重圧のもとにいるとみてよいのです。すなわち、学歴・進学・受験・学業成績などが、子どもにのしかかっていて、心の安まるときがない、と言ってよいのです。それのみか、子どもへの虐待なども多く報じられ社会問題となっています。こうした問題は幼少期の子どもにまで及んできています。

宮本常一は『日本の子供たち』において、

子供には子供の世界がある。

と言っていますが、その子どもの世界はどのようなものか。子ども存在はどのようなものか。そして、大人は子どもにどう向き合わねばならないのか。こうした問いを解き明かすことが急務なのです。

このような思いに駆られながら、イタリアで「子どもの家」を開設し、幼児教育に大きな足跡を残したモンテッソーリの著作を手にすると、子ども存在に関する所説を随所に読みとることができます。そこで、ここではモンテッソーリが子ども存在をどのように捉えていたのかを追究し、そこから子どもの教育（保育）をどのように進めたらよいのかを学びたいと思うのです。

二　人間の根源としての子ども

モンテッソーリの著作を繙《ひもと》くと、そこには一貫して「子ども」が論じられていることに気づきます。そして、そこに論じられているのは「子どもが人間の父なのだ」（『幼児の秘密』）という思想が底流をなしているのです。これと関連して、モンテッソーリは、

子どもは、よりよい人類をつくり出すことのできる父なのです。（『平和と教育』）

とも言っています。これらのモンテッソーリの言表には、子どもから人間（大人）が生まれるのであり、この人間が平和で豊かな未来社会をつくっていくのである、という考えが示

されているのです。別言すれば、「子どもが人間の父なのだ」というのは、子どもが人間の根源的存在であることを意味するのだ、と言ってよいでしょう。
ところで、モンテッソーリとは違った見方、違った表現で子どもの人間的根源性を捉えた人がいます。それはサン＝テグジュペリ（一九〇〇 - 四四）です。彼はその著『人間の土地』において次のように書いています。

僕は、ある一組の夫婦の前に腰を下ろした。その男と女の間に、子供がどうやらわずかに凹みを作って、眠っていた。彼は、眠りながら寝返りを打った。すると彼の顔が、燈火の前に浮び出た。おお！　なんと愛すべき顔だろう！（中略）僕はこのつややかな顔、この愛すべき唇のやさしい表情の上に俯向いた。そうして、ひとり言を洩らした。これこそ音楽家の顔だ、これこそ少年モツァルトだ、これこそ見事な生命の約束だと。

サン＝テグジュペリのいう眠っている汚れなき幼な子の顔こそが生命の約束だという表現は、人間が生きる希望の燈火であることを示しています。さらに言えば、幼な子こそが、人間が人間となる根源なのだということを示していると言うことができるでしょう。

そうだとすれば、サン＝テグジュペリの前出の言表は、モンテッソーリが言う「子どもが人間の父なのだ」というのと意味内容を同じくすると捉えてよいでしょう。このように考えると、モンテッソーリが「子どもが人間の父なのだ」とするのは、子ども存在の意味を明らかにする重要な鍵であると言えるのです。

三　子どもの特性

モンテッソーリは、著作『教会で生活する子ども』において、

子どもは、大人とは全く違った意味において考え、感じ、取り入れようと努めるのです。

と述べて、子どもは大人とは違った特性をもっていることを指摘しています。

では、モンテッソーリの指摘している子どもの特性とはどのようなものでしょうか。それは、まず第一に、子どもの心（精神）は外界を敏感に吸収する、ということです。

幼い子どもは、たとえば周囲の事物の色・形・大きさ・雰囲気を敏感に吸収します。同

時に、音や言葉をも吸収するのです。しかも、単に吸収するだけでなく、吸収したものを自分の生命と融合させるのです。このことは、外界を吸収することによって一種の精神化が子どもの内部で起こっていることを意味するのです。そのことをモンテッソーリは、子どもが受けた「印象が子どものなかで肉体化するのです」(『吸収する心』)と言い、吸収する子どもの心(精神)の力を「吸収する心」と名づけたのです。

この吸収する心は、いわば無意識的な精神の力であって、モンテッソーリによると、子どもは外界を全体として吸収する、とされるのです。そして、大切なことは、

幼い子どもが吸収したものは、その人格の最後の部分として残るのです。(前掲書)

ということなのです。それは、子どもが外界(環境)から吸収したものが子どもの内部で肉体化されるからです。このことから言うと、子どもにふさわしい環境が必要であり、子どもにふさわしい環境を整えることが、大人に課せられた教育(保育)の仕事なのです。

子どもの第二の特性は、子どもには注意力の集中現象がみられる、ということです。

モンテッソーリは、人間の精神は決して休むことなく動いている、と捉えています。とりわけ、子どもの精神は絶えず何かを求め動いているのであって、彼は積極的に外界を吸

収しようとする探究者なのです。そのために、子どもはじっとしてはおれず、自分に合った活動を探し求めるのです。そこで、ひとたび、

子どもが一つの仕事（活動）に心をうばわれると、ひと続きの同じ運動を幾度となくくり返すのです。（前掲書）

と、モンテッソーリは言っています。その一例として、モンテッソーリは真鍮《しんちゅう》みがきやはめ込み円柱の活動に熱中した子どもの姿を挙げています。そして、大人からみて一見無意味に思われるこうした活動に熱中して、その活動をやめたとき、その子どもには深い眠りから覚めたかのような澄んだ目とほほえみ、そして心の落ち着きがみられ、他の子どもにも親切になった、と報告しています（『子ども』）。ここには、注意力の集中現象が見られる活動に没頭した子どもが、より人間らしくなっていくと共に、よい人間関係を築くことができる社会的人間に成長していく予兆を示していることが指摘されているのです。

とはいえ、注意力の集中現象は、いつでも起こるとは限りません。その現象が起こるのは、よく整えられた教具・教材を用いて、子どもが発達段階や興味に合致した活動を見つけ熱中するときなのです。このとき、子どもは無意識のうちに欲求が満たされ、自己本来

の姿を現すのです。これは子どもが一人の統一ある全体として現れていることを意味します。モンテッソーリは、ここに子ども存在の意味を見出そうとしているのです。

子どもの第三の特性は、子どもには未知の力が秘められている、ということです。そのことをモンテッソーリは、

> 子どもには未知の力がかくされています。
> （『教会で生活する子ども』）

と言い、さらに、

> 子どもの自然本性の諸能力は、はるかに不思議なもので、またはるかに秘密を秘めているのです。
> （前掲書）

と述べています。この不思議にして未知の力は、注意力の集中現象が起こったとき、自然に現れるのです。そこで、注意力の集中現象が起こる活動を促すために、子どもの全人格をひき込むほどの興味を起こさせることが教師の仕事である、とモンテッソーリは説いているのです。

第四の特性は、子どもにはすでに成長への芽が具わっている、ということです。

幼児とはなんでしょう。幼児とは、明白な自分の財産として、成長への芽をもっている人間の再現であります。（『幼児と家庭』）

モンテッソーリはこのように述べて、子どもには成長への芽が具わっていることを指摘しています。この見解は、すでにフレーベルの教育思想にもみられるのです。フレーベルは、その著『人間の教育』において、

人間の未来の活動すべては幼児のなかに萌芽として見られる。

と言っています。また、ロシアの文豪トルストイ（一八二八－一九一〇）は、

子どもにはありとあらゆる偉大な可能性がある。（『ことばの日めくり』）

と表明しています。モンテッソーリ、フレーベル、トルストイの表現に違いはあるものの

の、子どもには成長への芽が具わっていると捉えている点は同じなのです。しかも、その芽は成長と共に多面的に広がり伸びていくのです。教育（保育）では、このことが重視されなければならないのです。

子どもの第五の特性は、子どもは長い時間をかけて徐々に発達する、ということです。人間は生まれてすぐに自立して活動することができません。人間は能力的には無の状態で生まれ、その後、生きるための能力をみずから身につけていかねばならないのです。別言すれば、人間は母胎内で徐々に身体を構成してきたのと同じく、出生後も徐々に精神を養い、能力を身につけていかなければならないのです。モンテッソーリは、人間には誕生前と誕生後との二種の胎生期がある（『吸収する心』）、と言っていますが、これは誕生前の胎生期は他の動物と同じであるが、誕生後の精神の構成期は人間にしかないということを指摘したものです。このように捉えて、モンテッソーリは精神の構成期にある新生児以後の子どもを「精神的胎児」と名づけたのです。

ところで、この精神的胎児が精神を構成する期間は、母胎内にいるときより長い時間を必要とします。彼はこの長い期間を通して外界を吸収しつつ、人間として生きるためのさまざまな能力を獲得し身につけていかなければなりません。この点で、モンテッソーリは、人間は他の動物と異なり、幼児期が長いことが特性である、としています。

幼児期は時間をかけて人生の基礎を築く時期です。かつまた、幼児期は心身が繊細で傷つきやすいのです。そのため、この期の子どもの育成は先を急いだり、無理強いをしてはいけないのです。むしろ、子どもの発達に従いながら、これを助けることが肝要なのです。そのためには、幼児が自由に活動できる環境を用意することが何よりも大切となります。よく整えられた環境のなかで、子どもはさまざまな経験をして育ちます。ここにいう「育つ」とは独り立ちできる人間に育つということなのです。

子どもはその環境での経験によってこそ十分に発達できるのです。（前掲書）

モンテッソーリは、このように言って、経験の大切さを指摘していますが、子どもは経験を重ねることによって生を深め、自己を広げていくのです。子どもはいつも生の途上にいます。このことに関連して、モンテッソーリは、子どもが生きるという過程は、子ども自身の拡張と拡充である（前掲書）、と捉えています。このことから、大人は子どもの生に新しい拡張と拡充があるように援助する務めを負っているのです。

四　子どもの生きる権利

従来、人類史においては、政治・経済・社会・人間など、いずれの領域においても、取り上げられ論じられるのは大人が中心でした。すなわち、人類史においては、子どもは人間社会の隅に追いやられるか、社会外の存在であったのです。したがって、子どもは一人の人間とは認められてこなかったのです。ましてや、子どもが人格を具えた人間であり、人間として生きる権利をもっているとは考えられなかったのです。

しかしながら、子どもはどの子どもも生きる力を具え、人間としての人格を具えている。このようにモンテッソーリは言うのです。

幼児であっても、他のすべての人間と同じように、かれは独自の人格をもっています。かれは自分のうちに、創造者としての精神の美しさと品位をそなえており、それは決して消されえないものです。

（『幼児と家庭』）

モンテッソーリは、このように言って、子どもの尊厳を重視し、いかなる人も子どもの人格を無視したり、奪い取ることはできないのだ、と説くのです。このことは、子どもは人間としての人格を具え、人間として生きる権利をもった存在である、ということを意味するのです。

ところで、シリアの詩人カーリール・ギブラン（一八八三－一九三一）も、子どもの人格を尊重する大切さを次のように詠っています。

子どもの人格

あなたのこどもは、あなたのこどもではない
彼らは人生の希望そのものの　息子であり　娘である
彼らはあなたを通じてくるが
あなたからくるのではない
彼らはあなたとともにいるが
あなたには属しない
あなたは彼らに愛情を与えてもいいが
あなたの考えを与えてはならない

なんとなれば　彼らは彼ら自身の考えをもっているからである
あなたは彼らのからだを家に入れてもいいが
彼らの心をあなたの家に入れてはならない
なぜなら　彼らの心は
あなたが訪ねてみることもできない
あしたの家にすんでいるからである
あなたは彼らのようになろうとしてもいいが
彼らをあなたのようにしようとしてはいけない
なぜなら　人生はあともどりもしなければ
昨日とともにためらいもしないからである

（照屋敏勝『幼児から何を学ぶべきか』）

ところで、子どもは、人間としての人格を有するがゆえに、社会的存在として生きてゆくことができるのです。というのも、人格として人格が出会うところで社会生活が成立するからです。人格と人格が出会うためには、一人ひとりの人格を尊重するように、はやくから人間育成をすることが必要なのです。このことは何よりも、大人が子どもの人格を尊重しなければならないことをも意味するのです。

子どもの人格を尊重するとは、子どもの生きる権利を尊重することにつながるのです。というのは、子どもが生まれながらにして有する人格は、社会で生きるための人格としてあり、かつ子どもが社会で生きる一人の人間としての権利を保持するからなのです。しかし、すでに述べてきたように、モンテッソーリは、子どもは生きる権利をもった存在であるとは認められてこなかった、と捉えていました。このことから、子どもの生きる権利を回復することが緊急事だ、とモンテッソーリは考えたのです。

モンテッソーリの目には、現代社会は平和からは程遠く、世界は病んでいる、と映っていました。その病根をたずねると、いままでずっと子どもの生きる権利は認められず、したがってまた、子どもたちは他者の権利を尊重することを学んでこなかったのである。この状況が続く限りは人類には平和は訪れないだろう。これを打開するには、未来社会を生きる子どもに希望を託すほかない。そのためには、何としても子どもの生きる権利を認め、それを大切にすることが肝要である。モンテッソーリはこのように考えたのです。実に、モンテッソーリにとっては、子どもは平和実現の希望の存在だったのです。

第二次世界大戦時に、ナチスによって二〇〇人の子どもたちと共にトレブリンカに移送され帰らぬ人となった小児科医にして、教育者であり作家でもあったヤヌシュ・コルチャックもまた、熱烈な子どもの権利の擁護者でした。

彼が生きた時代のポーランドでは、戦いに次ぐ戦いと社会的退廃のなかにあって、子どもたちは搾取され、虐げられ、生きる権利をもたなかったのです。その上、ナチスのポーランド進攻によって家や家族を失った子どもの生活は惨めでした。コルチャックはみずから「ホーム」を開設し、こうした子どもたちと共に生活し、彼らを守り続けたのです。

このような状況のなかで、コルチャックは、

子どもは人間だ。

（『コルチャック』）

子どもたちはわれわれの未来である。

（前掲書）

と言って、子どもの権利を擁護し続けたのです。

そこで、コルチャックの子どもの権利についての考え方をアンドレーアス・フリットナーの『教育改革　二〇世紀の衝撃』に依拠し、概観しておきたいと思います。

さて、コルチャックは、子どもの基本的権利として三点を挙げています。それは、

(1) 自分の死に対する子どもの権利

(2) 今日という日に対する子どもの権利

(3) 子どもが現にあるがままにあるという子どもの権利

というものです。

このうち、第一の自分の死に対する子どもの権利というのは、まことに理解しがたく思われます。しかし、この第一の権利は次のように理解されるべきものです。たとえば、子どもは、元来、遊びを好みますが、彼らが屋外で遊んでいるとき、事故などの生命にかかわる危険にさらされることがあります。そこで、子どもの遊びはこの危険を承知してのことでなければならないのです。このことを別言すれば、子どもが自由に生きることに必然的に伴う危険に対しても子どもたちは権利をもっているということなのです。

それゆえに、大人たちは子どもの危険を防ごうとして、子どもを遊びから遠ざけたり、部屋に閉じ込めたりして過保護にしてはならないのです。

第二の今日という日に対する子どもの権利とは、子どもは、さまざまな体験をし、豊かな感情を培うように「今日」という日を存分に生きる権利をもっているということなのです。ここに〈子どもから〉の理念が生きているのです。

このことから、今日という日に対する子どもの権利という考え方には、子どもの将来の生のためにということで、教育やしつけを強いて、子どもの現在を犠牲にしてはならないということが示されているのだ、と捉えることができます。

第三の子どもが現にあるがままにあるという子どもの権利というのは、子どもはどの子も多様にして独自な仕方で物事に反応し、考え、意欲することを通して成長し、また各自のテンポに従って独自の発達を遂げていくのであって、これをゆがめられてはならないということなのです。したがって、大人たちの要求や願望の尺度で子どもを導こうとしたり抑えたりしてはならないのです。

コルチャックによって示された三つの子どもの権利は、基本的に子どもの自然本性をゆがめたり、子どもの生きる喜びを妨げたり、抑えたりしてはならないものであることを示しているのです。

たとえ、それが大人の善意からなされるものであっても、善意の押しつけであったり、思慮に欠けた世話は子どもの権利をおびやかすものとなるのです。

以上のことを要約してみますと、コルチャックの生涯は、子どもと共に生き、子どもの権利を擁護し、その確立を図ることによって未来社会の平和実現への希望を子どもに託したものだったと言ってよいでしょう。このコルチャックの子どもの権利擁護の思想は、一九五九年の国際連合による「子供の人権宣言」に生かされているといわれている（『コルチャック先生』）ことに注目しておきたいと思います。

ここで、さらに注目しておきたいことは、コルチャックとモンテッソーリの子どもの権利には共通点がみられるということです。

その一は、具体実現の子どもの生活に子どもの生きる権利を回復し確保することであり、その二は、子どもの生きる権利を確保することによって未来社会の平和実現をめざしたことです。

特に、第二の視点は、コルチャックとモンテッソーリの両者が人類の未来社会における平和の実現を想望し、その担い手としての子どもに希望を託した人間論であって、そのスケールの大きさと深遠さからわたしたちは深く学びとらねばならないものなのです。

五　子どもの存在の意味を深めるために

前述のように、たとえば子どもの生きる権利を回復し確保することが、子どもの存在の意味を考える上でいかに大切であるかがわかります。そして、子ども存在の意味を考え、それを深めるためには、まず何よりも子どもを大切にすることが前提であると言うべきでしょう。

子どもを大切にするためには、大人が変わらねばなりません。すなわち、大人が優位に立ち、子どもを軽く見る態度を改めることです。換言すれば、子どもを尊敬することなのです。このことに触れて、モンテッソーリは、大人が子どもをもっと尊敬するようになれば、子どもに対する愛情ももっと変わったものになるだろう（『モンテッソーリ教育学の根本思想』）と言っていますが、大人が変わらなければ、子どもを尊敬したことにはならないでしょう。子どもは大人から尊敬され、本当に大切にされることによって真の姿を現すのです。

子ども存在の意味を問い、それを深めるためには、大人が汚れなき子どもの精神にかえり、そこから子どもを一人の独立した人間として迎えいれて研究することです。それゆえに、モンテッソーリも、これと同様の立場に立って、子どもは独立した存在として研究されるべきだとしているのです。しかも、子どもの研究は生きた具体現実の子どもの研究が強調されています。というのは、子どもは現実の生活のなかで人間としての姿を具体的に現すからなのです。

子ども存在の意味を問い、それを深める道は、なおほかにもあるでしょう。しかしながら、いかなる道を辿るにしても、前述の二点が基本なのです。したがって、この二点を基本において子ども存在の意味を追求することが実りをもたらすものとなると言ってよいのです。

（京都モンテッソーリ教師養成コースでの講義）

第3章

幼少期に生きる力の基礎を培う

一　生きる力の育成が求められる背景

ここに、「幼少期に生きる力の基礎を培う」という標題を掲げましたが、いま、子どもに生きる力の育成が求められている背景について考えてみたいと思います。

(1)　現代は子どもの生活が急速に変化してきている、とドイツの教育学者アンドレーアス・フリットナーは捉えていますが、そのことを彼は「子どもたちの空間的世界や近くや遠くの場所の経験も非常に変化してきた」(『教育改革　二〇世紀の衝撃』)と述べています。この言表は、社会の急激な変動に伴って、子どもが生き生きとした生活をしていないことを指摘したものであると解してよいでしょう。

(2)　他方で、わが国に眼を転じてみると、「二一世紀を展望した我が国の教育の在り方」と題して出された第一五期中央教育審議会第一次答申には、「今後における教育の在り方として『ゆとり』の中で子どもたちに『生きる力』をはぐくんでいくことが基本である」とされています。そして、この「生きる力」は、全人的な力であり、幅広くさまざまな観点から敷衍《ふえん》することができると述べられています。

また、この審議会の第二次答申では、今後の教育改革の基本として、子ども一人ひとりの個性をかけがえのないものとして尊重し、子どもたちが自立した個性を確立し、自己実現を図っていくことができるよう支援することであり、そのために子どもたちに「生きる力」を育むことが重要であると述べられています。

前述のことから、第一五期中央教育審議会は、二一世紀のわが国の教育に、子どもの「生きる力」を育むことを強調していることがわかるのです。

ところで、ここにいう「生きる力」とは、①自ら学び、考え、問題を解決する資質・能力、②他人を思いやる心・感動する心、③たくましく生きるための健康・体力と考えられますが、それらは実践的な力であり、生きていくための知恵であると考えられます（高階玲治『「生きる力」一〇〇の課題徹底理解』）。

不確実な未来を生きなければならない子どもたちに、いま、このような力を培っておくことが求められているのです。

(3) 前述の第一五期中央教育審議会の答申を受けて、幼稚園教育要領（一九九八年）の「幼稚園教育の目標」に、「幼稚園は、幼稚園教育の基本に基づいて展開される幼稚園生活を通して、生きる力の基礎を育成する」ように努めなければならないとされています。また、保育所保育指針（一九九九年）では、「保育の方法」のところで、「子どもの発達について理解し、子どもの一人一人の特性に応じ、生きる喜びと困難な状況へ対処する力を育てることを基本」として保育することが謳われているのです。

このようにみてくると、表現は違いますが、幼稚園教育要領においても、保育所保育指針においても、同様に幼少期から「生きる力」を培うことがめざされていると言ってよいのです。そして、この理念（考え方）が引き継がれて今日に至っているのです。

二　生きる力の基礎となるもの

幼少期から子どもに「生きる力」を培うことが求められていることを前述してきましたが、ここで言うところの「生きる力」の基礎となるものは何でしょうか。

そのことについては、幼稚園教育要領の第二章「ねらい及び内容」のところで、幼児の幼稚園終了までに育つことが期待される生きる力の基礎となるものとして心情・意欲・態度などが挙げられています。また、保育所保育指針においても保育の「ねらい及び内容」

のところに、子どもが身につけることが望まれるものとして心情・意欲・態度などが示されています。

してみると、幼少期に生きる力の基礎を培うために、心情・意欲・態度が重視されていると言ってよいのです。そこで、これらの意味内容について以下に考えてみたいと思います。

◉意欲と生きる力

幼稚園教育要領や保育所保育指針では、子どもの生きる力の基礎を培うものとして心情・意欲・態度などが挙げられていることについて前述しましたが、ここではまず、意欲と生きる力の関連を考えてみたいと思います。

さて、子どもの意欲は、「おもしろさ」を体験・体得することによって生まれてくると言えます。すなわち、子どもは保育者から教えられ指導されるだけでは意欲が出てこないのです。このことから、子どもの意欲を育むために楽しい遊びを通した保育が大切だ、とよく言われます。その際、「楽しい」の基本は「おもしろさ」だ、とわたしは考えています。すなわち、おもしろくない遊びは楽しくないのです。

ところで、「おもしろさ」は何かに分析できないものなのです。それは、「おもしろいから、おもしろい」と言うほかないのです。ですから、文化史学者ホイジンガーは、「遊戯の〈面白さ〉は、どんな分析も、どんな理論的解決もうけつけない」(『ホモ・ルーデンス』)と言っているのです。したがって、子どもにとっては、おもしろい遊びが楽しいのだとしか言いようがないのです。

おもしろい遊びは楽しい。楽しい遊びはおもしろい。こういった遊びをくり返すなかで、「はてな」「何だろう」「なぜだろう」といった事柄に出会い、それを追っていくことによって何かを発見し、おどろき、よろこびの体験をすることによって、子どもには遊びを深め、何かを追い求めようとする意欲が生まれてくるのです。

遊びがおもしろいと、子どもはその遊びに没頭するものです。このような姿を捉えて、わが国の幼児教育の発展に尽くした倉橋惣三(一八八二－一九五五)は、子どもの遊びは「本真剣」である、としました。倉橋惣三のいう「本真剣」としての遊びは、子どもが全我を打ち込んだ遊びのことなのです。実は、この全我を打ち込んだ遊びこそは、子どもにとっては内面生活の充実をもたらすものなのです。この内面生活の充実は、自己充実と捉えてよいと思うのですが、子どもは自己充実することで、次の遊び(活動)への意欲が生じると言えるのです。そして、この意欲が生きる力を培うものとなる、と言ってよいのです。

◉心情と生きる力

意欲が生きる力を培う要因であることを前述しましたが、実は意欲は心情によって育まれるものでもあるのです。このことから言いますと、生きる力は心情によって育まれると捉えることができます。

さて、人間の心は、快と不快、美と醜、温かさと冷たさを敏感に感じ取って動くのですが、人間（子ども）は本性的に、快いこと・美しいこと・温かさを求めるのです。そして、こうした快いこと・美しいこと・温かさに触れたとき、人間の心情は豊かになるのです。さらに言えば、心情が豊かになれば、人間は行動（活動）しようとする意欲をもつようになるのです。意欲的活動は生きる力を育む基礎となります。このことから言えば、意欲は心情によって育まれると言ってよいのです。この意味で、心情を豊かにすることが大切なのです。

前述のことから、心情の教育が大切である、と言わねばなりません。しかしながら、従来、知育に比べて心情の教育にはあまり力が注がれてこなかったのです。このことに関連して、ドイツの教育学者ヴォルフガング・ブレッィンカは、「心情の教育に関してなおざりにされてきたものを恢復することは、いかなる知的教育によっても不可能である」（『価値多様化時代の教育』）と述べて、心情の教育に力を入れることの必要性を指摘しています。

では、心情の教育は、いつから始めるべきでしょうか。ブレッィンカは、それは幼児期からだ、と言うのです。

さて、子どもの心情が豊かになるためには、自然に触れることが大切な要因の一つです。たとえば、幼稚園教育要領（一九九八年）の「環境」のところに、「自然に触れて生活し、その大きさ、美しさ、不思議さなどに気付く」とありますし、保育所保育指針（一九九九年）の「環境」（六歳児）のところには、「自然事象の性質や変化、大きさ、美しさ、不思議さなどに関心を深める」とあります。

ここに挙げた二つの記述には「心情」という表現はありませんが、その内容は、自然に触れることによって子どもの心情が豊かに育まれることが願われていると思うのです。このことから言えば、子どもが自然現象の変化・美しさ・不思議さに触れる保育が大切なのです。また、子どもの心情を豊かにする要因に言葉を挙げることができます。幼稚園教育要領の「言葉」の「内容の取扱い」のところに「幼児が教師や他の幼児とかかわることにより心を動かすような体験をし、言葉を交わす喜びを味わえるようにすること」とあります。そして、保育所保育指針の「言葉」の「ねらい」では、「人の言葉や話などをよく聞き、自分の経験したことや考えたことを話し、伝え合う喜びを味わう」とあります。言葉は形こそありませんが、相手の心にひびき、心を動かす力をもっています。

ところで、子どもの心情を豊かにする言葉、言い換えれば、心を動かす言葉とはどんな言葉でしょうか。それは、子どもの成長に思いをこめて温かく語る言葉、子どもが快いと感じとる言葉、子どもを勇気づける言葉だと思うのです。これをまとめて言えば、よろこびの言葉、共感の言葉だと思うのです。

子どもに寄り添い、子どもから学ぶ教育を実践された東井義雄（一九一二―九一）は、長い教育体験から、子どもに「よろこび」の言葉を贈ることが大切だ、と説いています。子どもは通信簿を親に見せるとき、内心ドキドキしているものですが、そのときの様子について、東井義雄が選んでいる子どもの作文を次に挙げてみます（『子どもを伸ばす条件』）。

〈四年生女子〉

おかあちゃんは、

「もっと上がらんと、中学へ行ってもはずかしいで」

といわれました。私は、

「そんでも、そうかんたんには上がれへんで」

といいますと、

「りくつばっかりいわんと、おとうさんに見せてきな」

といわれました。おとうさんが、となりのへやから、

「早よ持ってこい、どうせ、ろくなつうしんぼはもろうてきとらんじゃろ」(後略)

〈四年生男子〉

おとうさんは、だまって見ていられましたが、

「うん。まあ、これならよかろう。おとうさんの四年のときより上等じゃ」

といわれました。ぼくはほっとして、これからは、毎日べんきょうをわすれないようにしようとけっしんしました。

よろこびの言葉とは、子どもにとっての「よろこび」の言葉のことです。ここに挙げた二つの作文を読みますと、そのことがよくわかります。さきの女児にとっては、両親の言葉は、よろこびよりも悲しみの言葉だと思うのです。あとの男児にとっては、おとうさんの言葉は「よろこび」の言葉だと思うのです。「おとうさんの四年のときより上等じゃ」という言葉は、子どもにとって何よりの「よろこび」の言葉です。だからこそ、子どもは「ぼくはほっとして、これからは、毎日べんきょうをわすれないようにしようとけっしんしました」と言っているのです。

よろこびの言葉と共に、共感の言葉もまた大切です。それはいつも子どもに寄り添いな

がら、子の心内の声を聞くことによって、共感の言葉を子どもに語ることです。

子どもは、大人からのこうした「よろこび」の言葉、「共感」の言葉にふれることによって心を動かされ、元気づけられます。このことは、言葉によって心情が豊かにされて、子どもは内的生命を生き生きとさせていることを意味するのです。こうして、子どもの心を動かし、心情を豊かにするのです。

子どもは、大人の動きを眼で捉えようとします。とりわけ、向き合ったり、話し合ったりしているときに大人の眼ざしを見ているのです。このなかで、子どもは大人の温かい眼ざし、真剣な眼ざし、澄みきった眼ざしによって心を動かされるのです。

保育の場では、とりわけ保育者の温かい眼ざしが必要です。温かい眼ざしにふれることによって、子どもの心がゆり動かされ、温かくなるからです。そればかりではありません。心がゆり動かされ、温かくなることによって、子どもは明るく行動的になるのです。言い換えれば、生き生きと生きるのです。

このことから、保育者は温かい眼ざしを子どもに贈り続けることが大切なのです。というのも、温かい眼ざしを贈り続けることによって、保育者と子どもの間に信頼関係が生まれるからなのです。この信頼関係のなかで子どもの心情は豊かになり、そこから生きる力が生まれてくると思うのです。

◉活動と生きる力

幼稚園教育要領や保育所保育指針には、幼児の生きる力の基礎となるものとして心情・意欲・態度が挙げられており、そのうちの心情・意欲については、その意味内容を考えてきました。残る態度については、態度を活動に代えて考えてみたいと思います。というのも、「態度」よりも「活動」の方がより具体的に見ることができるからなのです。

さて、幼児の特性は何かを問うてみると、それは活動にある、と言えます。すなわち、幼児はじっとしていることができず、彼がじっとしているのは眠っているときか、病気のときかなのです。モンテッソーリは、子どもは活動を好む存在だと捉えていますが、まさに子どもは活動的存在なのです。

幼児が活動的なのは、彼には活動的衝動が具わっているからなのです。この衝動に突き動かされて、幼児は身体を使って活動します。そのことについて、ペスタロッチは著作『クリストフとエルゼ』において「自分を抑えるなんてことは、もともと幼年期の本性に反しているんです」と、ヨーストに語らせています。この言葉は、幼児には強い活動衝動があって、自分ではこれを抑えられず、また外から抑えようとすると、幼児の発達を阻害することになるのだ、というペスタロッチの思想表明なのです。

また、幼児の活動は何かを創造しようとするものなのです。それは、「人間は、本来、すでに子どものころから、活動して何かを創造したいという欲求をもっている」（『価値多様化時代の教育』）というブレッィンカの表明にも通ずるものなのです。ですから、幼児の活動を抑えてはならないと言わねばなりません。

以上、要するに、幼児は活動するべく生まれついているのであって、これを抑えてはならず、むしろ、活動できるように図り、援助することが大切なのです。幼児は活動することによって活動衝動が満たされるのです。そして、活動衝動が満たされる活動をすることによって、幼児は生き生きと十全に伸びていきます。この生き生きとした子どもは、生きる力を身につけた子どもであると言えるのです。ここに、幼児の活動を大切にしなければならない根拠があるのです。

⑴　模倣と活動

幼児の活動は模倣から始まります。これは、幼児にはすでに模倣能力があることによりますが、幼児の模倣は遊びとして行われます。その模倣遊びを見ますと、たとえば、大人の世界（身ぶり・言葉など）や社会生活を反映した遊びが見られます。

こうした模倣遊び（活動）を通して、幼児は人間として成長し、社会生活の適応の仕方を学んでいくのです。換言すれば、こうして幼児は生きる力を身につけていくのです。

⑵　興味と活動

幼児が模倣し、遊び（活動）に入っていくのは、彼にとって興味あるものなのです。幼児は興味あるものには強い関心を示し、それに引き込まれて遊ぶのです。このことから、幼児の遊びを誘発するのは興味である、と言ってよいでしょう。

興味に導かれて、幼児が遊びに没頭するとき、幼児の全身が生き生きとしているのです。これは、幼児の生命が生きて働き、内面が充実し、幼児が一人の全き人間（全人）を表出していることを意味します。すなわち、このような遊びをすることによって、幼児は一刻一瞬においてかけがえのない一人として自分を現しているのです。

バラは、それが存在する一刻一瞬において完璧なものである。（『人間教育論』）

自然を重視した詩人エマーソン（一八〇三－一八八二）は、このように言っています。バラは声を出さないが、一刻一瞬を精一杯に自分を現しているのであって、その限りにおいてバラは美しいのです。これと同じく、遊びに没頭しているときの幼児には、一刻一瞬において人間の全体が現れて美しいのです。幼児の遊びは、このような活動なのです。

(3)　注意力を集中した活動

興味に惹かれて全我をあげて没頭する活動は、内的生命が生きて働いていることを前に述べてきましたが、この全我をあげての活動もモンテッソーリは注意力を集中した活動として重視しています。

この注意力を集中した活動を通して、幼児は学習しています。少なくとも、何かを学習しているとみるべきです。すでにみてきたように、興味は活動に不可欠の要素なのですが、幼児の興味はいつも同じなのではなくて、よく変わります。そのことをモンテッソーリは、「子どもたちの興味は、さまざまな年齢段階の過程で同一のものでありつづけるとは限りません。一直線に成長していくものでもないのです」（『平和と教育』）と言っています。幼児が成長するにつれて興味も変わるというのは、興味が変わることによって、幼児は今までとは違った学習をしているのだということです。

この意味で、興味に導かれた活動は、学習を広げ深める、と言えるのです。学習のために興味が重要なのはこのためです。

(4) 興味と事物・事象

さて、幼児が注意力を集中して活動し、そのことによって学習を促すような興味を引きおこすものは、幼児のまわりに見られる事物・事象です。

たとえば、水は流れたり、溜まったり、しみ込んだりします。また、ものを溶かしたり、凍ったりします。粘土は水分を加えればやわらかくなり、伸ばしたり、まるめたり、平たくしたりして変形させることができます。その粘土で造形することができて、幼児は粘土の不思議にふれつつ、造形活動に没頭するのです。

(5)　幼児の活動の意義

すでにみてきたように、幼児は、元来、活動的な存在です。とりわけ、注意力を集中した全我活動で、幼児は内的な充実感を味わい成長することについても前に述べてきました。

フリットナーは、注意力を集中した活動は、子どもがある課題に取り組むことなのだとし、それは子どもが「現実的に生きることを始める」(『教育改革　二〇世紀の衝撃』)ことなのだとしています。さらにまた、フリットナーは、モンテッソーリのいう注意力の集中化は、ものごとを「熟考、観察、じっくりと耳傾けること、省察といった多くの経験の基礎をなす」(前掲書)と言い、それが子どもの「自己」形成への通路の基礎となると捉えています。この捉え方は、子どもが生きる力を身につけていくことにつながるものだと考えてよいと思うのです。

「自己」形成への通路ともなる全我活動は、見る・触る・つかむ・聴く・歩くことが一つになった活動のことですが、このような全我活動をすることによって、幼児はいろいろなことを自分で発見し学びながら成長するのです。ここで大切なことは、自分で発見したものが自分のものとなるということです。このことは、幼児が発見学習をしているということでもあるのです。

以上のことから、幼児期の子どもは、まだ知的発達が十分でないので、言葉で教え込もうとしたり、じっとさせようとしたりすることには無理があると言えるでしょう。そこで、できるだけ事物や事象に触れさせ、活動させて、それを通して発見させることが大切となるのです。すなわち、発見学習が大切なのです。

注意力を集中した全我活動が幼児の内的充実をもたらし、全人としての人間形成を促すとすれば、また全我活動が幼児の発見学習を促すとすれば、いずれの場合も、その活動は幼児の生きる力を育んでいる、と言えます。というのは、幼児は充実感を味わい、発見学習をすれば、さらに充実感と発見学習を求めて生き生きと活動しようとするからですし、このことが生きる力を培っていることになるからです。さらに言えば、この活動は幼児が生き生きと生きている証しであり、自分で生きる力を培っていると考えられるからなのです。この意味で幼児にとって活動は重要なのです。

三　幼児の生きる力を培うために

前節において、意欲・心情・活動の三つの側面から、幼少期の子どもの生きる力を培うことについて考えてきました。では、その生きる力を培うために、どのようなことに留意して教育（保育）実践したらよいのでしょうか。このことについて、以下に考えてみたいと思います。

まず第一は、幼児は活動を通して自立して生きる人間になる、ということです。自立して生きる人間は、生きる力を身につけた人間のことですが、人間（子ども）は、自立して生きるものとして生まれてきています。そして、人間（子ども）は幼少期から活動を通して、自立して生きるための力を身につけていくのです。この意味で、幼少期から生きる力を育成することが大切なのです。

第二は、幼児は未来に生きる存在である、ということです。幼児は「いと小さきもの」です。幼児は未来を幸福に生きるために生まれてきているのです。とはいえ、幼児は幸福な未来を築き生きていくために、人生を自分で切りひらいて生きなければならないのです。そのためには、幼児は生きる力を身につけていかなければならないのです。

ところで、幼児には人間が広げてみせる無限の能力の芽が秘められています。この芽が育ち開くことによって、幼児は自分の人生を切りひらいていくことができるのです。このことから言えば、幼児には生きる力の芽が内に具わっている、と言えるでしょう。

幼児には、無限の能力の芽、生きる力の芽が具わっているということは、「いと小さきもの」(幼児)の未来は希望へ開かれた未来だということです。これを言い換えれば、幼児は未来の希望の存在だ、と言ってよいのです。幼児は未来の希望である、ということに触れて、モンテッソーリは次のように言っています。

希望という星に導かれ、力を尽くし、贈り物を携えて子どもを迎えに行かねばならないのです。
(『平和と教育』)

このモンテッソーリの言葉は、一人ひとりの子どもが未来をつくるとして、子どもに希望を託したものです。そのために、「贈り物を携えて子どもを迎えに行かねばならないのです」と、モンテッソーリは言っていますが、ここにいう「贈り物」とは、子どもへの愛と畏敬の念だと思うのです。

子どもは、大人から愛と畏敬の念を受けて、未来を豊かに生きる力を身につけていくのです。してみると、生きる力を培うために愛と畏敬の念に支えられた幼少期からの教育(保育)が重要だ、と言わねばなりません。

第三は、教育(保育)の場を幼児が安心して活動できる場所にすることです。

子どもたちは安らぎを感じつつおこなう活動によって、みすからの性格を変化させ、その上に自分自身の知性をも発展させていくのです。（前掲書）

モンテッソーリはこう語っていますが、この言表は幼児には安心して活動できる場所が必要であることを指摘したものです。幼児は安心して活動することによって、みずからを変えつつ、知性をも磨いて、生きる力を身につけていくのです。

第四は、幼児の活動から幼児の願望・欲求などを読みとり、幼児を理解することです。幼児を理解するとは、フリットナーによれば、私たち自身を新たに理解し、これまでとは違ったふうに理解することなのです（『教育改革　二〇世紀の衝撃』）。このことは、私たち大人が子どもの頃のさまざまな経験をふり返って、新たな気づきをして、それと対比しながら目の前にいる子どもを理解すると、その都度、新しい子ども理解が生まれる、ということなのです。要するに、それは捉われのない心で理解し、型にはまった理解をしない、ということなのです。

捉われのない心で子どもを理解するためには、子どもの活動をよく見ることだ、と思います。ですから、フリットナーは、子どもをよく観察しなければならないと説き、子どもの活動をよく見ることを提言しているのです。

幼児は大人から正当に理解されて、すくすくと育ち、生きる力を身につけていきます。そのためには、あせることなく、じっくりと幼児を見ることが大切なのです。

第五は、幼児はだれもがかけがえのない人間存在である、ということです。

モンテッソーリは、「だれ一人として、この子に代わって成長してやれる者はありません」（『創造する子供』）と言っていますが、これは幼児一人ひとりが独自に生きなければならないものとして生まれてきていることを意味します。その限りにおいては、一人ひとりが尊い存在であり、だれもが幼児に代わることのできない厳粛な存在であることを示しているのです。このことから、厳粛な人生を生きていく力を幼少期から培う必要があるのです。

以上に、五つの視点から幼児の生きる力を培うために留意したいことを述べてきましたが、これらをまとめると、次のように考えることができると思います。

大人（保育者）は、いつでも幼児に寄り添うことが望まれるのです。そのことをフレーベルは、「子どもといっしょに、子どもになるがいい」（『人間の教育』）と言っています。

教育（保育）は子どもの成長を願う熱意が不可欠ですが、熱心さだけではなかなか実を結びにくいのです。このことに思いを馳せて、東井義雄は「熱心さだけでは教育にならない、子どもから学びぬくことが大切だ」（『東井義雄「いのち」の教え』）、と説いています。教育（保育）に実りをもたらすためには、東井義雄の提言のように、熱心さに加えて子どもから学びとることが大切だ、と言わねばなりません。さきのフレーベルの言表も、子どもと共に生きることによって、子どもから学ぶことの大切さを示唆したものだ、と捉えることができると思うのです。

このようにみてくると、幼児から学ぶことによって、幼児期に生きる力を培うことが可能になるのです。

子どもから学ぶ大切さについては、モンテッソーリもことのほか重視しました。そして、子どもから学ぶことによって、子どもの成長を助けることが大人の務めだとしました。そのことを次のように言っています。

その場その場で、子どもから学び、できる限り子どものために尽くすのが、わたしたち大人の責任なのです。

（『吸収する心』）

（『自由を子どもに』24号）

第4章

子どもの自然に従う教育

一　教育理念としての自然に従う教育

近ごろ、幼児教育・保育の在り方が問われる事態が生じています。その一例は、少子化と地方自治体の財政事情のために保育所の民営化問題に付随して、保育を受ける権利が問われていることです。これは結局のところ、保育の質が問われていることにつながるのです。

また、幼稚園・保育所を一体化した施設（認定こども園）が二〇〇六年十月一日からスタートしたのですが、幼稚園と保育所の機能をどのように有効に機能させるのかについて、多くの課題が指摘されています。このことも行き着くところ保育の質を問うことに結びつくのです。そこで、いま改めて幼児教育・保育の質を問い直してみる必要があるのです。

幼児教育・保育の質を問うとき、従来、「遊び」を保育実践の中心に据えて、子どもにとっての遊びを深めることが幼児教育・保育の理念実現に近づくことなのだ、という考え方がありました。

また、子どもの「生活」を中心において、子どもの生活充実を図ることが幼児教育・保育の理念だ、とされる面もありました。

ところで考えてみると、前述の「遊び」や「生活」に注目した幼児教育・保育は、その根底には子どもの自然本性に根ざし、その自然本性に従う教育にほかなりません。その上、この自然本性に従う教育（以下、自然に従う教育と言う）は、〈子ども尊重〉の理念に基づいているのです。してみると、自然に従う教育は、幼児教育・保育の実践の根底をなす理念である、と言えるでしょう。

前述のように、〈子ども尊重〉を基本にして自然に従う教育を提唱し、現代の幼児教育・保育に大きな理念的影響を及ぼしたのが、マリア・モンテッソーリでした。

モンテッソーリは子ども中心主義の教育を実践的に展開した人でしたが、彼女の教育思想には〈子ども尊重〉の考え方が一貫しています。そして、この〈子ども尊重〉の理念は〈自然に従う教育〉によって実現される、と言うのです。このことは、彼女が「幼児を教育したり、世話するには、ただ一つの方法があるだけです」（『吸収する心』）と言い、「わたしたちは一つの方法について話すことができるのみです。それは、人間の自然の発達に従う、ということです」(前掲書)と述べていることから明らかです。

このようにモンテッソーリは自然に従う教育を提唱するのですが、この提唱はモンテッソーリが最初なのではなくて、西洋教育思想上、すでに自然に従う教育を提唱した人があったのです。

そこで、以下にそれを辿ってみたいと思います。

二　自然に従う教育思想の系譜

◉コメニウス

チェコの神学者にして教育者でもあるコメニウス(一五九二―一六七〇)は、人間は大宇宙をすべてにわたって拡げてみせるものを内に秘めている宇宙の集約であると捉えて、人間の精神は植物の種子か、果実の芯にたとえるのがよいとして、次のように言っています。

種子や芯の中には、植物や樹木の姿がそのまま実在しているのではありませんが、しかし、植物や樹木はそこに現実に内在しているのです。事実このことは、大地にまかれた種子が、下に根をおろし上に若枝をのばし、やがてこれらが自然の力によって梢となり葉となり、葉に蔽われ、芯や実で飾られるところから、明らかになります。人間にはなに一つ外部から持ち込む必要はありません。自分の中に秘められていたものが、蔽いをはがれ繰りひろげられ一つ一つのものが、その姿を明らかにされるだけでよいのです。

（『大教授学』）

コメニウスのこの言葉は、植物の種子が芽を出し成長していく過程をたとえにして人間の自然に従う教育の大切さを説いたものです。

◉ペスタロッチ

スイスで貧児の教育に生涯を捧げたペスタロッチは、人間の成長を樹木の生長にたとえて、次のように言っています。

教育の像が、よりよい教育の内的にして聖なる本質が、小川のほとりに植えられている一本の木の姿をして、わたしの目の前に浮かんでくるのです。見てごらんなさい。この木は何でしょうか。この木はどこから出てくるのでしょうか。この木は、どこから根や幹、枝や小枝、それに果実を生じさせたのでしょうか。ほら、あなたがたは大地に小さな種を播くでしょう。種の中に木の本随があるのです。種の中に木の本質があるのです。種が木の本源なのです。

（「七三歳誕生日の講話」）

ちょうど木と同じように、わたしはまた、人間は成長するものだとみているのです。目には見えませんが、子どもの内には生まれる前からすでに、その生涯を通して彼の内部で発達する能力の芽があるのです。

（前掲書）

この二つの言表から、樹木の種子が自然の営みに従って芽を出し成長するのと同じように、子どもには目に見えないが、内部に伸びる能力の芽があるとし、それが芽ばえると自然の法則に従って伸びていく、とペスタロッチが捉えていることがわかるのです。このことは、彼が自然に従う教育を重視していたことを示すものです。

◉フレーベル

教育史上、ドイツで世界最初の幼稚園を開設したフレーベルは、植物の姿をよく見ることによって、その成長の筋道がわかるとして、次のように言っています。

広々とした自由な空間の中の野原の植物、花だんの植物を見るがいい。そして、その植物が、いかに素晴らしい法則性と、いかに純粋な、内面的な、すべての部分にわたり、すべての現象にわたって調和した生命を示しているか、見るがいい。

（『人間の教育』）

ぶどうの樹という植物は、たしかに剪定されなければならないが、ぶどうの樹の場合、剪定そのものは、まだ酒をもたらすものではない。むしろ、園丁が剪定する場合、ぶどうの樹の自然性に全く受動的に注意深く追随してゆくのでないならば、たとえ剪定が非常によい意図で行われようとも、ぶどうの樹は剪定によってすっかり枯らされてしまうかもしれない。

（前掲書）

ここに挙げた二つのフレーベルの言表は、植物は自然の発達に従って成長するので、それを無視して剪定してはならないとし、このことは子どもの発達にも言えるのだ、としたものです。すなわち、自然の発達に従う教育の大切さをフレーベルが示したものなのです。

以上のようにコメニウス、ペスタロッチ、フレーベルの言表は、植物の成長をたとえにして、子どもの教育も、その自然本性の発達の営みに外から手を加えたり、妨げたりしてはならないというものなのです。すなわち、子どもの教育は自然の発達の法則に従うべきだ、ということなのです。

◉エレン・ケイ

一九世紀後半から二〇世紀初頭にかけて女性解放と教育改革の提言をしたスウェーデンのエレン・ケイは、一九〇〇年に名著『児童の世紀』を出しています。その中で、彼女はおよそ次のように言っています。

まず彼女は、「わたしはいまだかつて、よく教育された人間を見たことがない」(前掲書)として、幼少期からの教育を重視し、今後は、幼稚園と幼児学校を小規模な家庭学校にかえることだ、と言うのです。そして、この学校では子どもの自然本性の発達に従う教育を第一義とする、と言うのです。すなわち、「静かに、おもむろに、自然を自然のあるがままに任せ、自然本来の仕事を助けるために周囲の状態に気を配る。それが本当の教育というものだ」(前掲書)、とするのです。

このことは、子どもは大人によって整えられた環境のなかで、みずから活動することで人間として育つのだ、ということを意味し、大人はその育ちを助けるべきだ、ということを意味しているのです。これはまた、子どもは一人ひとりが自分で生きるようになるべきだ、ということを指しているのでもあります。

エレン・ケイが、

子どもを教育するということは、子どもの精神を子ども自身の手のなかに握らせ、子どもの足で子ども自身の細道を進ませるようにすることである。（前掲書）

と言っているのは、前述のことを示しています。

以上のエレン・ケイの言説は、子どもはみずからの内に自分で生きようとする自然の力があるので、その自然の力を十分に伸ばせるようにしようというものでした。そして、それは一貫して子どもを中心とした教育論であったのです。

三　モンテッソーリの自然に従う教育

◉なぜ、自然に従う教育なのか

前述の先人たちと同じように、モンテッソーリも自然に従う教育を提唱しました。それならば、彼女が自然に従う教育を提唱した根拠はどこにあるのでしょうか。コメニウス、ペスタロッチ、フレーベルらは、植物の成長には一定の順序（法則）があるように、人間にも成長・発達の順序があるので、それをゆがめたり、無視すると、人間は十分な成長・発達をしないとして、自然に従う教育を提唱したのです。

モンテッソーリも、人間の自然本性の発達には法則があることを「創造の不思議」として示しています。「創造の不思議」とは、他の動物と同様に、人間も受胎した胚細胞が二つ、四つ……と分裂し、増殖して人間としての身体を形成することです。この自然の営みを、モンテッソーリは「胎生学」と名づけていますが、それはまことに不思議な——神秘的なと言ってよい——創造なのであり、人智を越えた営みなのです。

また、この胚細胞は、さらに増殖して腸・胃・肝臓・肺臓といった身体器官の組織や感覚・神経の組織を造っていくのです。

以上のような胚細胞のはたらきは、無意識のうちに、しかも順序を追って進んでいくのです。ここに、発達における不思議な自然の歩み（法則）がみられるのです。

モンテッソーリが自然の営みの不思議を指摘しているものに「吸収する心」がありります。この世に生をうけた子どもは何ももたないで生まれてきているが、外界を吸収することによって、精神や知性を豊かにしていくのです。このはたらきをするものを、モンテッソーリは「吸収する心」と名づけたのです。

ところで、モンテッソーリは、「子どもは人間の建設者なのです」（『吸収する心』）とか、「子どもはまことに人間の父なのです」（前掲書）とも言っていますが、これらの言葉は、子どもは生まれたとき何ももっていないが、生まれながらにしてその内部に秘められている潜在能力とも言える「吸収する心」によって、環境を吸収しつつ人間を創造していくのだ、ということを示しているのです。このことは、子どもは吸収することによって、自分の人生の中で自分自身を展開し拡大するのだ、と言ってよいでしょう。

◉自然に従う教育の意義

モンテッソーリの言う自然に従う教育を考える場合、子どもは身体を動かし、運動（活動）することによって成長する、と捉えていることに注目しなければなりません。これは、モンテッソーリが、自然は子どものある器官が発達すると、それを使わねばならぬものと定めている、と捉えていることなのです。この捉え方は、ペスタロッチが『白鳥の歌』において、「人間は、本性的に自分の中で諸能力を使うように駆り立てられる」として、目は見ようとし、耳は聞こうとし、足は歩こうとし、手はつかもうとする、と言っているのと同じなのです。こうしたモンテッソーリやペスタロッチの捉え方は、身体を使って活動をすることによって子どもは成長するのだ、ということを示しています。同時に、それが自然に従う道なのだ、ということを示しているのです。この意味では、子どもに自由な活動をさせることが大切となります。

身体を使う活動のうち、モンテッソーリは「手」を使うことを重視しています。

手は、感覚器官の一つです。子どもはその手を使って、まわりのもの（環境）を吸収して取り込むのです。すなわち、手には触覚が集中しているので、子どもは「もの」に触ったり、つかんだり、運んだりすることで、温かい・冷たい・ざらざら・つるつる・角ばっている・まるい・重い・軽い・大きい・小さいといった「もの」の性質・属性を感覚的に理解していくのです。また、子どもは手を使うことによって、固い粘土が柔らかくなり、まるめたり、伸ばしたりして、いろいろな形にすることができることを知るのです。

このように子どもが手を使って「もの」の性質・属性を感覚的に理解するというのは、自然万物の不思議に気づくことなのだ、と言わねばなりません。さらに言えば、自然万物の不思議に気づくというのは、子どもが「知」の世界を開こうとしていることである、と言うことができるのです。モンテッソーリは、人間の特性は知性を備えていることであり、これが他の動物と区別されるところだ（『吸収する心』）としていますが、前述のことから、その知性発達に果たす手のはたらきは大きい、と言えるのです。このことから、モンテッソーリは、子どもは手を使って考える、とも捉え、手を使うことで子どもの知性が発達するとするのです。しかも、これが人間発達の自然の法則なのだ（前掲書）、と言うのです。

さらにまた、モンテッソーリは、人間は手を使うことによって、「もの」をつくり出す、と言います。その例として、芸術作品を挙げています。そして、この芸術作品は手を通した知的作業による創造物であり、その一つひとつに個性がある、としているのです。このことを遡れば、前述のことは子どもの手がすでにその創造の力を秘めていることを示しているのだとし、それゆえに子どもが手を使うことの大切さを説いているのです。

人間は何かを創造することで生きる――生きている――喜びを見出すものです。ですから、ロマン・ロランが長編の文学作品『ジャン・クリストフ』の中で、「生のすべての喜びは――愛も、天才も、行動も――創造することの喜びだ」と言っているのです。してみると、子どもには手を使うことで創造する体験（活動）をさせることが何よりも必要なのです。それは創造する喜びの体験だからです。そして、注目すべきことは、このことが自然に従う教育である、ということです。

◉自然に従う教育と全人育成

前述で、子どもが手を使う活動を通して、①「もの」の性質・属性を理解する、②手を使うことが知性発達につながっている、③手を使うことで創造をする、ということを指摘してきました。

ところで、こうしたはたらきは子どもの精神作用と密接に結びついている、ということを忘れてはなりません。換言すれば、手を使う活動は、子どもの意志・感性に結びついたものである、ということです。また、子どもの発達と共に、知性とも結びついているのです。このことをまとめて言えば、身体活動と精神活動、あるいは身体発達と精神発達は不可分に結びついて、子どもは全体として発達する、ということです。また、これが自然の法則なのです。実は、モンテッソーリの自然に従う教育の考え方には、このことが基底をなしているのです。

人間は、したがって子どもも、手だけを使って活動するのではありません。ここでは手に注目してきましたが、人間は、手のほかに、目や耳をはたらかせ、足を使って、ことによったら身体全体を使って活動するのです。しかも、同時に精神を集中して活動するのです。すなわち、人間の諸能力・諸機能が一つに集約された全体的人間として活動するのです。ここに、ひとりの個性的全人がみられるのです。これが自然の法則であり、この法則に従う教育がモンテッソーリの提唱した教育であったのです。

四　モンテッソーリの自然に従う教育の今日的意義と課題

モンテッソーリの自然に従う教育は、つまるところ自然の発達の法則に従って、子どもを全体的人間（全人）に育成することをめざすものだったのです。

モンテッソーリは、著書『教会で生活する子ども』のなかで、次のように言っています。

神が、子どもには特有の自然本性を与えられました。また、このことによって身体的精神的生命に一定の発達の法則を決められました。

してみると、子どもは、本性上、自然の発達の法則に従って教育されてこそ、人間になれるものとして神が創造されたのだ、と言えるのです。この意味で、子どもが眼の前にいるというのは、自然本性の発達に従って育つようにつくられた子どもがいるということであり、それはまた宗教的存在としての子どもがいるということでもあります。換言すれば、子どもの自然本性の発達に従う教育は、神の意図に沿うという宗教的意味をもっているのです。

科学技術が高度に進展し、人びとの目が物質文明に移っている現代社会にあって、モンテッソーリのいう自然に従う教育は、ややも忘れがちになっている子どもの本質やその尊さに気づかせてくれるし、子どもの教育の大切さに改めて目を覚まさせてくれるのです。

モンテッソーリは「子どもが人間を築きあげるのです」(『吸収する心』)と言い、また「子どもは生命(生きること)に向かって進んでいます」(前掲書)と言っていますが、これらの言葉は、神のみ旨に沿って子どもが育つようにと、子どもの未来に希望を託したものだ、と言えます。

この子どもへの希望を実現するのは、一つの方法、すなわち自然の発達の法則に従う教育を実践することです。それはまた、自然の発達に従って子どもがのびのびと育っていくように手助けすることなのです。この手助けは容易なことではありませんが、子どもをよく見て、子どもに仕えることによって可能となるのです。モンテッソーリは、このようにわたしたちに訴えているのです。

子どもに仕えるとは、子どもの生命(いのち・自然本性)に仕えることです。それはまた、子どもを愛することなのです。子どもは愛されることによって豊かに育ちます。そこに、子どもへの希望が湧くのです。そして、子どもへの希望が湧くのは、わたしたちの教育・保育に希望がもてるということなのです。このようなことから、ロマン・ロランの言葉を紹介して終わりたい、と思います。

希望がもてるということは、なんとうれしいことだろう。

（『ジャン・クリストフ』）

（『自由を子どもに』20号）

第5章 〈ふれる〉ことによる保育：モンテッソーリ教育の一視点

一　幼少期に〈ふれる〉ことの大切さ

◉〈ふれる〉体験

何も持たず身につけないで生まれてきた人間は、いろいろなこと・物に〈ふれる〉ことによって生き生きと育っていくのです。この意味で幼少期に〈ふれる〉体験をするのは大切なことです。しかも、その〈ふれる〉体験が、子どもの未来を生きる力の基礎を培う、という意味からも大切なのです。

生涯を貧しい子どもの教育に携わったスイスのペスタロッチは、晩年の主著『白鳥の歌』で人間（子ども）の「目は見ようとし、耳は聴こうとし、足は歩こうとし、手はつかもうとする」と述べて、子どもは、本来、事物等に触れようとする本能をもっていることを指摘しています。

子ども――特に幼い子ども――は、触れたい本能に動かされて事物等に触れることによって、感覚を豊かにし、「知」の世界の入口に立つのです。そして、触れれば触れるほど、「知」を磨き、それが生きる力の基礎となるのです。

子どもが〈ふれる〉体験をすることの大切さは、幼稚園教育要領・保育所保育指針にも示されています。すなわち、この教育要領・保育指針には、子どもが人びと・自然・事物等に触れることの重要性を随所に謳い、その〈ふれる〉直接体験・具体的体験を重視しているのです。

◉〈ふれる〉ことの重視

子どもが〈ふれる〉体験をすることの大切さについて前述しましたが、その〈ふれる〉体験は子どもの現実とふれあう活動なのです。コーエンらは、「子どもたちにとっては、自分で触れ・聞き・味わい・においをかぎ・見ることが必要です」(『幼児教育の基礎理論』)と言っていますが、この言表は子どもが現実とふれあうことの大切さを説いたものです。それは、子どもが現実とふれあうことによって自己実現することにつながるものとして注目に値するのです。

この事情をモンテッソーリは、『平和と教育』において、子どもは、現実と触れあいながら活動することによって、次第に注意力を活発化させ、そうした活動を通して自己実現していくのです。

と述べています。してみると、〈ふれる〉体験は子どもの自己実現を図る保育の出発点なのだ、と言えるのです。

ところで、〈ふれる〉というのは、何かにさわることであり、何かを見たり、聞いたりすることですが、さわったり、見たり、聞いたりすることによって、心をゆり動かされ、おどろきを体験することです。この体験は、未知のものに触れることによって、今までとは違った全く新しい地平に達することでもあるのです。このようなおどろきの体験をするのは、実は何かを発見することなのです。

子どもは、このようなおどろきの体験と発見によって内面をゆり動かされ、目覚まされて、今までとは違った人間へと成長していくのです。しかも、このおどろきの体験・発見・人間的成長は現実の生活で起こるのです。さらに言えば、こうしたことは子どもの生活の最も近接したところで起こるのだ、と言ってよいのです。

以上のように考えると、子どもの現実生活の近接したところで〈ふれる〉ことを重視した保育を実践することが大切である、と言えるでしょう。モンテッソーリも子どもが〈ふれる〉体験をすることの重要性について随所に表明していますので、このことに注目して、〈ふれる〉保育の在り方について考察したいと思います。

二　教材（財）に触れる

〈ふれる〉保育を考えるとき、まず教材に触れることから考えていきたい、と思います。

◉教材は教財である

教育・保育において、子どもたちがまず接し触れるのは教材です。さらに言えば、教材なしの教育・保育は考えられないのです。

その教材がよく考えられ整えられたものであれば、その教材を手にし触れることによって、子どもはおどろきの体験をし、発見をして感覚を豊かにしていくのです。そして、感覚を豊かにするとは、感動することによるのです。この意味で、感動体験は重要なのです。

児童文学者・椋鳩十（一九〇五－七八）は、姉と妹に比べて学校の成績がよくなかったので、「お前はだめだ」と言われて育ちましたが、ヨハンナ・シュピリの『ハイジ』を自分の家の庭つづきになっている松林に寝っころがって読みました。その本を読むと、その内容が心に染みとおるように読みとれるのでした。こうして、鳩十少年は『ハイジ』のなかに、ハイジの汚れのない美しい心とアルムじいさんの深い愛情を読みとり、万年雪をいただいたアルプスの峰や花畑に思いをはせ、またハイジとアルムじいさんが見ているアルプスの夕焼けと自分が見ている中央アルプスの赤く染まっている夕焼けとを二重写しにして自然の美しさに感嘆するのです。

また、「夕焼けは、なぜ、おじいちゃん、こんなに美しいの」と言うハイジの問いに答えたアルムじいさんの言葉が鳩十少年の心を打つのです。

人間であろうと、なにであろうと、おわかれするときが、一番美しいんだ。今、太陽がね、地球からおわかれをするあいさつをしているから、こんなにも、人の心を打つのだよ。

（椋鳩十『人間・出会いのすばらしさ』）

この言葉に打たれて、鳩十少年には、何年間もぼんやり眺めていた自然が、今までとは全く違って美しく見えてきたのです。このことは、人間の内に奥深くひそんでいる力が感動することによって目を覚まし伸びていくことを示したものです。そのことを椋鳩十は次のように言っています。

感動は心の中に起る地震ですよ。心の底からぐーっとひっくり返していく。
（『感動は心の扉をひらく』）

感動はね、その人間の心の中にずうっと眠っておる力を奮い起させる。
（前掲書）

人間というのは、何に出会い、何に感動するかということが大事だね。
（前掲書）

感動は、椋鳩十の言うように、心の中に起こる地震であり、つまり、心（魂）のゆり動かしなのです。そして、このゆり動かしによって、精神的生命が充実するのです。「感動は生の充実体験である」（小野慶太郎『教育方法の底にあるもの』）と言われるのも、このゆえなのです。このように捉えると、生の充実をもたらす教材は、単なる教材ではなく、精神財と言わねばなりません。そのような教材は立派な教育的財（教財）なのです。

◉モンテッソーリ教具

モンテッソーリは、子どもの教育のために教材として教具を案出しました。モンテッソーリ教具は子どもの感覚に訴えるように作られているところに特色があります。その上、その教具は、科学的で、秩序づけされているのです。この秩序づけは、宇宙世界の秩序を単純化してわからせようとしたものです。

このような性格をもつモンテッソーリ教具は、子どもの知的世界をひらき、宇宙世界（コスモス）の神秘に気づかせることがめざされていた、と言えるのです。してみると、モンテッソーリ教具は、人間（子ども）にとっての知的財産であり、精神財であると言わねばなりません。この意味で、モンテッソーリ教具は、すぐれた教育的財（教財）なのです。

ですから、モンテッソーリ教具は、心をこめて子どもに提供されねばならないのです。そのことを、モンテッソーリは次のように言っています。

光と音、嗅いと味と手ざわり、形と図と風景が子どもに呼びかけ招いているのです。

（『子どもの何を知るべきか』）

興味をめざまさせるために、くり返しが必要です。

（前掲書）

何かを学んだということは、子どもにとっては一つの出発点なのです。子どもが学んだときには、その練習を楽しんでくり返し始めます。子どもは学んだことを何度も満足そうにくり返します。

（『子どもの発見』）

モンテッソーリはこのように言っていますが、その言表にあるように、子どもはくり返し練習し学びとるのです。このゆえに、精神財としてのモンテッソーリ教具は、ゆっくり、ていねいに、くり返し提供し、子どもに十分に触れさせなければならないのです。

三　雰囲気にふれる

教材（財）に触れることについて前述してきましたが、これに続いて、雰囲気にふれることを挙げたい、と思います。

◉保育の基底としての雰囲気

保育とはむずかしいものです。保育計画を綿密に考えたのに、教材研究に力をそそいだのに、環境を整えるのに時間をかけたのに、納得のいく保育ができなかった、と感じている保育者は多いと思います。また、よい保育をめざせばめざすほど、保育のむずかしさを味わっている保育者も多いと思います。

そこで、ここでは、保育における雰囲気について考えたいと思います。それは、どのような保育においても雰囲気が基底をなす、と考えるからです。

人間は、一般に、場の雰囲気に包まれ、ふれることによって人間生成するとも言えます。たとえば、劇場・道場・自然などの雰囲気にふれて人間は感化を受けるのです。それは雰囲気にふれて精神がゆり動かされるからです。

子どももまた、場の雰囲気から感化されます。むしろ、幼い子どもの方が雰囲気から感化されやすいと言えます。したがって、家庭・学校（幼稚園・保育所）・学級（クラス）などの雰囲気は、子どもの人間形成に大きな影響を及ぼすのです。この意味で、雰囲気は保育実践の基底である、と言ってよいのです。

しかしながら、雰囲気は分析的に捉えられないものです。別言すれば、雰囲気は全体として感得されるものなのです。そこで、雰囲気の特徴を考えると、次のように言うことができるでしょう。

(1) 雰囲気は教えることができない。

(2) 雰囲気は体験的に感じることはできるが、対象として、客観的にモノとして把握することはできない。（(1)・(2)、小野慶太郎『教育方法の底にあるもの』）

(3) 雰囲気を厳密に分析することはできない。

このように雰囲気は、漠としてつかみどころのないものです。しかしながら、人間は雰囲気に包まれ、それを吸収することによって知らず知らずのうちに人間形成の作用を受けているのです。このために、保育ではよい雰囲気がただよう環境づくりに努めることが求められるのです。

◉環境と雰囲気

保育は幼児が生き生きと生活できるようにする営みです。そのためには幼児を取りまく環境を整えることが大切です。幼児は環境に包まれ、ふれることによって成長するからです。それならば、幼児にふさわしい環境というのはどのようなものでしょうか。それにはいろいろと考えらえるでしょうが、ここでは次の二点を挙げておきます。

その一は、子どもたちが生き生きと活動し、そのなかでおどろきの体験や新しい発見をして、広義の学習の刺激が用意されている環境です。

その二は、前述の環境は、子どもにとって清新で落ち着いた雰囲気として感得される環境でもなければなりません。

それでは、このような保育環境をつくり出すにはどのようなことを心がけたらよいのでしょうか。

第一は、保育室を明るく清潔にすることです。窓ガラスが汚れたままであったり、備品や教材が棚に整理されないまま置いてあったり、水槽の水が濁ったままであったりするのは、ありがちなことです。こうしたことは、気づいたときに改善しておきたいものです。

第二は、教具・教材等をきちんと整えることです。教具・教材は、使っている間にこわれたり、色が不鮮明になったりしますが、これらはできるだけ早く補修しておくことが大切です。そして、保育者の手づくりの教材を準備することも有効です。

第三は、前項の手づくりの教材も含めて、できるだけ実物を準備し提供することです。これは幼児の現実生活に近接した保育という観点から大切なのです。

第四は、「場所」の使い方を考えることです。このためには、畳敷きのコーナー、絵本コーナー、音楽鑑賞コーナーなど、コーナーづくりが考えられます。また、保育室の壁に名画（複製でよい）を飾るのもよいでしょう。こうした「場所」の使い方は、幼児が落ち着いて、安心して活動できるために配慮が必要なのです。

なお、このほかに季節に応じて草花を用意することも、落ち着いた環境をつくり出すのに有効です。

子どもが生き生きと育つ保育環境を準備し構成するのは容易ではありませんが、そのための地道な努力は重ねられるべきです。保育者のこの努力によってつくり出された保育環境の雰囲気に包まれふれて、幼児はすくすくと育っていくからです。

◉保育者が醸し出す雰囲気

教育・保育の場で決定的な一つのことがあります。それは、教師の醸し出す雰囲気は無意識のうちに子どもに影響を及ぼす、ということです。このことは、教師のもっている雰囲気は打ち消すことができない、ということを示すのです。それでは、教師のもっている雰囲気とはどのようなものでしょうか。それは小野慶太郎の説（『教育方法の底にあるもの』）を借りると、次のように言えます。

(1) 教師は、一人ひとりが個性的な雰囲気をもっている。

(2) 雰囲気は、教師の存在そのものに最も近い場所に生きていて、ごまかすことができない。

(3) 教師の雰囲気は、性格とか人格とかいうかたちで、個人のうちに固定的に明確にすることはできない。

(4) 教師の個性的な雰囲気は、学習者に決定的な影響を与えている。

教師は、誰もが雰囲気をもっていて、それを醸し出し、ごまかすことはできないのです。このことは、保育者についても同様なのです。子どもたちは、教師（保育者）のこの雰囲気にふれて、ちょうど色や味がしみ込むのにも似て、徐々に深く人間形成作用を受けているのです。

ところで、子どもは保育者の醸し出している雰囲気を敏感に感じ取り、そのことによって心を開いたり閉じたりするのです。このことから、ボルノウ（一九〇三－一九九一）は、論著『教育的雰囲気』において、教育者が具えている望ましいものとして、明るさ・ユーモア・やさしさ・子どもへの信頼・愛を挙げています。ボルノウはこのように言っていますが、これに加えて、落ち着き・子どもへの希望を挙げておきたいと思います。

このような特性を具えた保育者のもとで、子どもは安心し、落ち着いて、伸び伸びと活動し、人間として生成するのです。このことを別言すれば、保育者と子どもの間に、温かくて親しみのある雰囲気があることによって、子どもが生き生きとするのだ、ということなのです。

四　文化にふれる

◉文化と子どもの育ち

わが国の教育を規定した教育基本法では「民主的で文化的な国家」の建設と「個性ゆた

かな文化の創造」がめざされ、これらは共に教育によるほかない、とされています。

また、児童憲章には、「児童は、よい環境のなかで育てられる」とした上で、「すべての児童は、よい遊び場と文化財を用意され、わるい環境からまもられる」「すべての児童は、愛とまことによって結ばれ、よい国民として人類の平和と文化に貢献するように、みちびかれる」と謳われています。こうして、いずれも未来を担って立つ子どもの育成に文化を欠かしえないことを指摘しているのです。

さらにまた、幼稚園教育要領や保育所保育指針では、それぞれ環境・生活・遊びを重視した保育がめざされていますが、この環境・生活・遊びはいずれも文化と深くかかわっているのです。このようにみてくると、保育は文化を取り入れて、子どもに文化にふれさせ、文化人育成の基礎を固めなければならない、と言わねばなりません。

ところで、保育において文化を重視するのは、幼児が文化にふれることによって、全き人間(全人)になりうるからなのです。ヨーロッパの文化再生を問うたハーバート・リード(一八九三―一九六八)は、文化の再生はまず文化を受容し、受容した文化を踏まえて文化を再生することだ(『平和のための教育』)、としました。そして、その受容と再生の営みは全人的営みであり、その営みによって人間は全人となる、と言えるのです。この意味から、文化を重視した保育は、全人保育である、と言ってよいのです。

◉文化にふれさせ伝える保育者

幼少期に文化にふれるということは、子どもの精神の充実によって、子どもが人間として豊かになることにつながるのです。こうした豊かに育った子どもが、やがて豊かな文化を創出し、そこに生きる人間の精神を豊かにするのです。ここに文化のめぐりがあります。ハーバート・リードは「文化というものは精神の成長である」(『平和のための教育』)と言っていますが、これは文化のめぐりを意味すると共に、人間にとっての文化の重要性を説いたものです。

さて、ここでは、言葉を一例として、文化を伝えることについて考えてみたいと思います。言葉は人間の文化を特徴づけるものの一つです。人間は言葉を媒介にして、情報を交換し、意志を伝えるだけでなく、思考を深め、言葉の情感や奥深さにふれて、精神を豊かにし、やがて美しい言語文化を創出するのです。こうなるためには、子どもはまずもって、言葉にふれなければなりません。それは何よりも、言葉を「聞く」ことから始まるのです。

幼少期の子どもが言葉を聞くのは、両親や保育者の語りです。ハインリッヒ・ロートは「言語の頽廃は文化の衰退を意味する」(『ペスタロッチーの人間像』)と言っていますが、両親や保育者が子どもに語る言葉は、ていねいで、情感のこもった言葉が望ましいのです。こうした言葉にふれて、子どもは豊かな精神・豊かな言語文化を身につけた人間へと成長していくのです。

文化の領域は広汎であり、子どもに伝えるべき文化を見定めることは至難です。しかしながら、子どもの幸せな未来を思い、文化にふれさせ伝える努力は大事なことです。その努力は、ハーバート・リードが言うように、「われわれは小さなことから始めなければならぬ」(『平和のための教育』)のです。

身近な小さなこと(文化)にふれさせ伝える努力を続ける限り、保育者は文化を伝える人であり、子どもを未来につないでいく人なのです。

ところで、「教材(財)に触れる」という箇所で、モンテッソーリ教具は科学的で秩序づけて考案されていると述べてきましたが、少し見方を変えますと、モンテッソーリ教具は文化的教具だと捉えることができると思います。たとえば、ピンクタワー(桃色の塔)は造形美が見られますし、色板や音感ベルは色や音の美の世界を知らせてくれます。また、書く練習の教具は言語の世界へ導いてくれます。

モンテッソーリ教具は、どれも鮮やかな色で感覚的に考案されています。そして、どの教具も目で見たり、耳で聞いたり、手にとって確かめることが求められているのです。こうして、子どもが手・目・耳などの感覚器官でモンテッソーリ教具に触れることによって文化要素を知覚するのです。このようなことから、モンテッソーリ教具は文化財としての教財だ、と言ってよいのです。そして、この教財に子どもが触れることは意味あることですし、保育者はていねいに触れる手助けをしなければならないのです。

五　人とのふれあい

子どもはさまざまな人とふれあうことによって多くのことを学び、人間として生成していきます。ここでは、子どもと子どものふれあい、子どもと保育者のふれあいについて考えてみたいと思います。

◉子どもと子どものふれあい

少子化がすすむ今日では、幼い子どもが他の子どもと出会い・ふれあう機会が少なくなってきています。幼い子どもが他の多くの子どもと出会い・ふれあう場所は幼稚園や保育所だ、と言えるでしょう。

幼稚園・保育所に入園当初は、名前も顔も全く知らない初めての「だれか」と出会うことによって、活動を共にしながら行動や考えの違う子どもがいることを知って、自分とは違う存在に気づくのです。同時にまた、活動を共にしながら互いに教え合い・助け合う経験を通して喜びを体感するのです。ここに、子どもの成長がみられるのですし、子どもと子どもがふれあう大切さがみられるのです。

貧しい子どもの教育に生涯を捧げたスイスのペスタロッチは、シュタンツで子どもの教育施設をつくりましたが、その施設を一つの家庭と捉え、そこに集まってきた子どもたちを兄弟姉妹の関係におきました。そこでは、年長の子どもが年少の子どもの世話をしたり助けたりしました。また、学習の進んでいる子どもは遅れている子どもを助けて教えました。こうして、その教育施設の子どもたちは一大家族のようになりました。ペスタロッチはこのように報告しています。

イタリアのローマで「子どもの家」を開設したモンテッソーリもまた、異年齢混合の教育をしました。ここでも、年長児が年少児を助けたり教えたりして、子どもたちが和やかに過ごした、と報じられています。

この二例は、子どもと子どもがふれあうことによって、互いに教え合い・助け合って成長したことを示すものですが、子ども同士のふれあいという点から、今日、学ぶべきことが示唆されているのです。

◉子どもと保育者のふれあい

家庭の両親に次いで、幼い子どもが日常的に出会う大人は幼稚園や保育所の保育者です。子どもたちは毎日〈いのち〉いっぱいに登園してきます。保育者も〈いのち〉いっぱいに子どもを迎えます。そして、子どもと保育者のふれあいが始まります。そのふれあいは、〈いのち〉と〈いのち〉のふれあいなのです。この〈いのち〉のふれあいは、いくつかの側面から捉えることができます。それを次に挙げてみたいと思います。

(1) 眼ざし

能力的には何ももたずに生まれてきた子どもは、何よりもまず、眼で身のまわりを取り込むことによって、自分のおかれている位置・状況を知るようになります。これは、子どもは眼で見ることによって成長することを示しています。

ところで、子どもの眼の働きの重要性に注目したのが、フレーベルです。彼は、生後間もない子どもが落ち着いた静かなベッドに寝かされると、その子どもは周囲を「見つめる」と言っています。ここに言う「見つめる」とは漠然と見ることではなくて、何か一つのものにひきつけられて注視することなのです。

子どもは「見つめる」ことによって、周囲を吸収し、やがてその異同を認識するようになるのです。このことから、フレーベルは幼い子どもにすでに高い知性が贈られていると言うのです（『フレーベル著作選集』）。また、フレーベルは、母に抱かれて母の眼を見ながら安心して母乳を飲んでいる子は、単に母乳を飲んでいるだけでなく、母の心情をも同時に飲んでいるのだ、としています。そして、このようにして子どもが心身の欲求が満たされると、子どもには「ほほえみ」が現れる。フレーベルはこう言うのです（前掲書）。別言すれば、この「ほほえみ」は眼ざしのふれあいによるものだ、と言えます。

眼ざしのふれあいは、子どもと保育者の間にも考えられます。というのも、子どもは本性的に保育者の眼を気にしていることが多いからです。それは、おそらく子どもは保育者の温かい眼ざしを求めているからだ、と言ってよいと思います。

それゆえに、保育者は子どもを見守りながら、温かい眼ざしを贈り続けることが大切なのです。温かい眼ざしを贈り続けることによって〈ふれる〉機会に恵まれ、子どもと保育者が育ち合えるからです。

(2) 言　葉

人間は、元来、共同的存在です。人間は、互いに言葉を使うことによって共に生きることができるのです。それのみか、人間は言葉を交わすことによって互いにふれあうのです。さらに言えば、言葉を交わすということは、私たちの存在が他人に開かれ、他人からは見透かされているということであり（ギュスドルフ『何のための教師』）、そのことによって出会っているのです。
教育は人間と人間の出会いであり、教師と子どもの出会いです。そして、その出会いは、言葉を交わすことから始まるのです。ですから、ギュスドルフは次のように言っているのです。

教育するということは、誰もいない所で話をすることではない。教育は誰かに向かって話しかけることであり、誰かのために話すことである。（前掲書）

この話しかけは真理を話すことであり、思いを込めて温かく語ることです。このような話しかけの言葉にふれて、子どもは内面を目覚まされ、ゆり動かされて、教師を信頼し尊敬するようになるのです。教師に対する子どもの信頼と尊敬がなければ教育は成立しえないのです。

教師は弟子に尊敬されることにおいてのみ真に教師である。（前掲書）

このようにギュスドルフは言っているのですが、真の教師であるためには、どのような心根で子どもに話しかけているのか、が問われているのです。以上のことは、保育においても同じだ、と言わねばなりません。それのみか、発達の途上にあって、柔軟な感性をもっている幼児には保育者の言葉が重要なのです。

(3) 身体

幼い子どもは、大人との身体的接触によって、安心感を得て精神的に安定することが多いのです。

子どもが大人に触れようとするとき、手をさし出します。大人が子どもに触れようとするときも、手によってなのです。フレーベルは、大人と子どもの手によるふれあいに注目して、大人が子どもに手をさし出すと、子どもはその手をしっかりと握るとし、このふれあいが子どもに影響を及ぼす、としています（『フレーベル著作選集』）。また、不安や恐ろしいことに出会うとき、子どもを抱き上げてやると、子どもは安堵感を現します。こうした身体のふれあいには、愛の証しが入っているのだ、と言われるゆえんなのです（ギュスドルフ『何のための教師』）。

子どもと保育者のふれあいにおける身体の問題は、直接に触れることに限りません。子どもの身体や健康に気を配ることも大切なのです。たとえば、子どもが登園してきたときの表情や動きなどを観察することによって、子どもの健康状態や不安などに気づき対応すると、子どもは保育者の心配りにふれて心を開くようになるのです。こうして、保育者が子どもの身体を大事にしようと努めていると、子どもとの一層深いふれあいが訪れる、と言わねばなりません。

(4)　こころ

子どもと保育者のふれあいの核心は〈こころ〉にある、と言えます。前述の眼ざし・言葉・身体によるふれあいも、その根底に〈こころ〉がこもっているのでなければならないからです。それならば、その〈こころ〉とはどのような性格のものでしょうか。

その一は、その〈こころ〉は、母がわが子を〈慈しむこころ〉です。そして、その〈慈しむこころ〉とは、〈包むこころ〉でもあるのです。子どもは、この〈こころ〉に包まれて、ふくらみ育っていく、と言えるでしょう。

その二は、その〈こころ〉は、子どもは神的な存在であり、人間としての高い自然本性を発現させる存在であることに希望を託して、子どもが絶えざる新生をするように〈育てるこころ〉です（『フレーベル著作選集』）。そして、この〈こころ〉は、未来社会を生きる子どもに〈希望をつなぐこころ〉である、と捉えてよいのです。

その三は、その〈こころ〉は、神が子どもを私たちに贈られたのであり、私たちが〈神の代理者としてあるのだというこころ〉です。モンテッソーリは、『教会で生活する子ど

も』において、

成長していく神の子どもとして、この幼い神の子どもを神の意志にしたがって導くのです。

と言っていますが、それは神が人間を愛しておられるその〈こころ〉で、子どもを育て導くことを意味しているのです。まことに、保育者のこの〈こころ〉が子どものこころに届くのに応じて、子どもは育つ、と言わねばなりません。

しかしながら、前述した〈こころ〉は相互的なのです。というのも、このような育ての〈こころ〉に子どもがふれて、保育者との間に相互の信頼と愛が築かれて、子どもは育つからなのです。それゆえに、こうした〈こころ〉を失わないで子どもに接することが、とても大切なのです。

◉子どもへの希望

保育の場で目の前にいる子どもは、どのような存在でしょうか。それは、一人ひとりの子どもがだれとも取り替えられない独自の存在であり、人間としての尊厳を内に秘めて独り立ちして生きていく存在として生まれてきているのだ、と言ってよいでしょう。だから、東井義雄は、子どもについて次のように言っているのです。

どの子も　子どもは星
みんなそれぞれが　それぞれの光を
いただいて　まばたきをしている。

（『子どもを見る目　活かす知恵』）

子どもはだれもが、その子だけの輝くものをもって生まれてきているのです。別言すれば、その子どもは、フレーベルやモンテッソーリも言っているように、神からの贈りものなのです。神の贈りものとしての子どもは、神の慈しみのうちに、生きよう・伸びようとしています。このため、わたしたちは、子どもが安らぎのうちに、伸びて育つのを願い、助けなければならないのです。

たとい　わがために
神は　なくとも
この子らに

神のいつくしみ
そそがれてあれ

これは、障がいのある子どもの教育に献身した近藤益雄（一九〇七－六四）の『詩集 この子をひざに』のなかの一節ですが、ここには子どもへの希望と祈りが込められているのです。

教育・保育は、子どもが育つことへの希望が根底をなします。神から贈られた子どもは、内に能力の芽をいっぱいにもっていますが、その芽が現れ育つ様子をよく見ることによって、子どもの育ちをどのように助けたらよいかが学べるのです。このことに連なって、モンテッソーリは次のように言っています。

わたしたちは、子どもから学び、できるだけよりよく子どもに仕えなければならないのです。（『吸収する心』）

このモンテッソーリの言表は、伸びる子どもに希望をつなぎ、子どもが生きる未来に希望を託したものだ、と言えます。そのために、大人が子どもから学び、子どもに仕えなければならないというモンテッソーリの表明は、十分に味わわねばならないのです。

（京都モンテッソーリ教師養成コースでの講義）

第6章

モンテッソーリの子ども尊重の教育

モンテッソーリ教育には、子どもの自立を助けるとか、子どもの自己活動を重視するとか、環境を通した教育とか、さまざまな側面が考えられます。

しかし、こうした側面もよく考えてみると、そこにはいずれも〈子どもを尊重する〉という考え方が底流をなしているのです。換言すれば、モンテッソーリ教育は〈子ども尊重〉が基本なのだ、と言ってよいのです。

そこで、このような視点に立って、モンテッソーリの子ども尊重の教育について考えてみたいと思います。

一　諸能力の芽

子どもには、さまざまな能力の芽が与えられている、とモンテッソーリは考えています。そして、この能力の芽が伸びていくように大人（保育者）が援助することによって、子どもは十全に成長・発達していくと捉えています。

そのことに関連してモンテッソーリは、「発達しつつある人間のなかに……未来への人間の力の秘密が秘められていることは疑う余地がありません」(『平和と教育』)と言っていますが、ここにいう発達しつつある人間とは、能力としては何ももたないようにみえる幼い子どものことを指すのですし、その子どもにすでに素質・能力の芽が秘められていることを指摘したものです。

このような考え方は、すでに貧児の教育に生涯を捧げたペスタロッチにみられます。彼は、「子どもというものは、人間性のあらゆる能力を授けられている存在です」(『幼少期教育についての手紙』)と言い、その能力は伸びる可能性として与えられている、とするのです。そのことをペスタロッチは、次のように言っています。

樹木は
幼いときに保護してやり
幼いときに助けてやれば
地上から
まっすぐに

天に向かって伸びてゆく　（『親と教師への書簡』）

ペスタロッチは、よく比喩を使って事柄を説明しますが、ここにいう「樹木」を「子ども」と読みかえれば、ここに挙げたペスタロッチの言表は、子どもを保護し助けてやれば諸能力の芽が十全に育つことを述べたものであって、ペスタロッチの教育論を端的に示したものなのです。

また、教育史上、世界で初めて幼稚園を創設したフレーベルは、「人間は、すでに幼少期に……人間の素質つまり神的な本質を表現しようとする能力を自己のうちにもっている」（『人間の教育』）と述べて、人間は子どものときからすでに人間としての素質・能力の芽をもっていることを指摘しているのです。

さらには、宗教家にして教育者であった東井義雄は「仏さまは、どの子にも、その子しかもたない可能性を潜ませて、この世に出してやってくださいます」（『東井義雄「いのち」の教え』）と言って、子どもには生まれながらにして伸びゆく可能性（素質・能力）が与えられているとし、それゆえにこそ、「伸びたがっているのは、草や木だけではありません。子どもだって存分に伸びたがっているのです」（前掲書）と言っているのです。

以上の諸説のように、子どもにさまざまな能力の芽が与えられているとすれば、その能力の芽を与えたのは誰でしょうか。それは神（または仏）だ、と言うほかないのです。

さきに紹介したペスタロッチは、「最もあわれな、最も見はなされた子どもにも神が与え給うた人間性の諸力をわたしは信じている」（「シュタンツだより」）と述べています。

モンテッソーリもまた、「神は一つの本性を実に神秘的な方法でわたしたちのうちにつくられた」（『モンテッソーリ教育学の根本思想』）と言っています。ここでの表現は「一つの本性」となっていますが、これは伸びようとする素質・能力のことだと考えてよいと思うのです。モンテッソーリは、その素質・能力を神が与えられたのだ、と捉えているのです。

ペスタロッチやモンテッソーリの言葉から言えることは、子どもの内にあって伸びようとする能力の芽は神の計らいによって、子どもに与えられ、秘められているということです。このことは、子どもに与えられている諸能力の芽が十分に伸びることによって、一人ひとりの子どもがかけがえのない人間になるようにと願われる神の意図がこめられているのだ、と言えるのです。このように考えると、教育（保育）とは、神の意図を実現するために子どもを助け導くことである、と言えるのです。そして、何より大切なことは、子どもを助け導くためには、子どもを尊重することなのです。

さて、子どもに与えられている諸能力の芽は、どれも調和して全面的に伸びるように願われているのです。このことは、子どもに秘められている諸能力が調和的に発達した「全人」の実現が願われているのだ、と言えるのです。

この「全人」を育成することについては、すでに早くからコメニウスがその著『大教授学』のなかで、学校教育では「人間を全体として形成してほしい」と述べていますし、フレーベルも人間の能力の全面的な発達を重視して、人間を全体的に形成することを強調しています（『人間の教育』）。

以上のようにみてくると、「全人」の育成は重要な教育理念であることがわかるのです。子どもは生まれた時には、何ももたないで生まれてきたように思われます。しかし、子どもが成長すると共に、子どもの内にひそみかくされていた諸能力の芽が出て、伸びていくのです。そして、どの芽も十全に伸びることによって調和のとれた人間（全人）となるのです。

ところで、「全人」とは、自分の能力を全面的・調和的に、しかも十分に伸ばした人のことです。そして、「全人」は能力を全面的・調和的に、十分に伸ばすことによって、その人だけの人間的な味わいを身につけた人でもあるのです。この味わいを「個性」と言ってもよいのです。このように考えますと、「全人」とは個性的人間なのです。

人間（子ども）が「全人」にして個性的人間になるというのは、まことに不思議な営みであり、それは神のなせる業としか言いようがないのです。それのみか、ここに子どもの内に神を見るのだ、と言ってよいのです。

さて、前述のように子どもの諸能力の芽の伸長には神の願いが託されているとすれば、子どもの諸能力の成長・発達について、神がわたしたちにどのような成長・発達の方向を示されているのかを、子どもを尊重しつつ、敬虔な心で確かめねばなりません。

そのためには、何よりも子どもを「よく見る」ことが前提となります。

フレーベルは、『人間の教育』の中で、何が大切かを確かめるために、子どもを観察せよ、そうすれば、子どもが教えてくれる、と説いています。

また、東井義雄は、子どもの観察は心から見ることが大切だ、と説いています。ここには、みずからの教育実践をかえりみて、「ひょっとすると、私たちは、何でも見ているつもりで、ほんとうは、目をあけたまま眠っているのではないか」(『子どもを見る目　活かす知恵』)と述べて、心から子どもを見ることの大切さを説いています。

このことは、サン＝テグジュペリの次の言表に通ずるものなのです。

心で見なくちゃ、ものごとはよく見えないってことさ。かんじんなことは、目では見えないいんだよ。

(『星の王子さま』)

また、モンテッソーリも、「幼い子どもたちは幼児期にいるのです。彼らをよく知るために、いっそうよく観察しなければならないのです」(『幼児の秘密』)と言って、子どもをよく観察することを強調しています。

モンテッソーリが子どもを「よく観察する」ことを強調するのは、大人(保育者)が子どもに従い、子どもが前へ進むように助けるためであり、子どもが内面を開いて見せるものから、大人(保育者)が子どもの欲求を発見し、その欲求を満足させるために子どもを助けるためなのです(『子どもの何を知るべきか』)。

このように、モンテッソーリがよく観察することを強調するのは、彼女が子どもの内面の現れを知ることによって初めて教育が成り立つと考えたからでもあります。この考え方は、何よりも子どもを全面に押し出す考え方であり、子どもを尊重することが基本になっているのです。

二　子どもの活動

モンテッソーリは、子どもは「生きる」ことに向かう存在である、と考えています。ここにいう「生きる」とは、環境に触れつつ、活動を通して、子どもが自分の能力の芽を伸ばし、新しい世界を発見して自分で生きることなのです。

モンテッソーリは、もともと「子どもは活動を好む」(『子どもの何を知るべきか』)と言っています。活動は子どもの発達の手段なのですが、その活動は眼や耳・手・足などを使って、それぞれの器官の能力を伸ばしつつ、環境を取り込むのです。環境を取り込みながら、知識を集め、精神(心)をも養うのです。

子どもは活動することによって、身体的・精神的・知的に成長・発達するのです。この成長・発達とは、子どもが活動することによって、その都度、以前の古い殻から抜け出して新しい自己(地平といってもよい)へ到達することなのです。このことは、子どもが人間として自立に近づいていることを意味しているのでもあります。

このことから言うと、子どもが自立していくためには、子どもにとって自由な活動が大切なのです。モンテッソーリは、「自由は、個体の完成への無限の可能性を与え、人間にとっては完全な発達への出発点になる」(『平和と教育』)と述べて、人間(子ども)の成長・発達にとって自由が重要であることを指摘しています。さらに、モンテッソーリは、「子どもを自由にし、その自発的表現をさせることです」(『モンテッソーリ教育学の根本思想』)とも述べて、自由な活動のなかで子どもに自己表現をさせることが大切だ、と説いているのです。

このように、モンテッソーリは自由な活動を重視するのですが、それは子どもには創造主（神）によって定められた子ども独自の発達の計画が秘められていて、この秘められた計画は自由な活動のなかで最もよく実現される、と考えていたからなのです。

子どもに秘められている創造主（神）の計画は、わたしたち大人が勝手に変えることはできず、その計画が実現できるように助けることができるにすぎません。この助けとは、創造主（神）によって定められた計画が秘められている子どもを尊重して、自由な活動を保障することなのです。

ここに、子どもを尊重する意味があるのです。

三　子ども存在の尊さ

モンテッソーリは、常に子どもとは何かを問い続けました。そして、子どもが存在することの意味を明らかにしようと努めてきました。そこで、モンテッソーリが子どもをどのように捉えていたかを次に考えてみたいと思います。

その一は、子どもは未来に開かれた存在である、とモンテッソーリは捉えていました。前述のように、子どもは「生きる」ことに向かう存在なのですが、それは子どもが「今」（現在）を生命（いのち）いっぱいに生きることが前提であり、そのことによって実は未来を生きる準備をしている存在なのです。このことを別言すれば、未来は子どものために開かれているということなのです。モンテッソーリが、未来の人間をつくるのは子どもである、と捉えているのはこのためです。

人間は自分がもっている力を相応に出しながら、平和に生きるものとしてつくられているのです。しかしながら、現実の人間界は争いと不安に満ちている、と言ってよいのです。この状態が続く限り、未来には希望がありません。そこで、平和な未来社会の実現は、子どもに託すほかないのです。自分（個）をつくり、明るい未来社会をつくるのは子どもだからです。

モンテッソーリは、いま「子どもの時代が到来している」（『幼児の秘密』）と言っていますが、この言表は、いま、子どもがもっている生きるための諸能力と権利を認め、子どもを未来社会へ送るようにする時なのだ、ということを言ったものなのです。そして、そのためには何よりも子どもを尊重することが前提なのだ、ということを示したものなのです。

その二は、神は人間（子ども）を〈善きもの〉としてつくられた、とモンテッソーリは捉えています。

とりわけ、神は自分に近いものとして子どもをつくられたのです。それは、神は自分みずからは姿を現さないが、子どもを通して人間の生きる美しさと尊さを示さんがためなのです。モンテッソーリが、「神は、人びとが考えているよりも、はるかに不思議に子どもをつくられたのです」（『教会で生活する子ども』）と言っているのは、このことを指しているのです。
このことから言うと、子どもの内に神を見ることなのだ、と言ってもよいし、子どもは神の息吹をもっている、と言ってもよいのです。別言すれば、子ども一人ひとりには、「神が内在」し、それが永遠につながっているのだ、と捉えることができるのです。
ウィリアム・ブレイク（一七五七－一八二七）は、この趣きを次のように詠んでいます。

世界を見る

一粒の砂に世界を見る
一本の野の花に天の国を見る
あなたの手のひらには無限があり
ひとときには永遠がある

（『珠玉の詩』）

森羅万象の世界を見れば、そこには永遠の相がある。ブレイクはこのようにみていますが、この永遠の相を子どもが最も純粋にもっているのです。

ここで大切なことは、子どもが純粋に永遠の相を秘めているというのは、子どもは〈善きもの〉としてつくられており、そこに人類の未来に希望があるということなのです。この意味において、子どもを尊重しなければならないのです。

その三は、子どもは〈世の光〉として、この世に送られた存在である、ということです。モンテッソーリは、このように捉えています。

子ども――特に、幼い子ども――は、何よりも汚れのない心、わだかまりのない心、柔軟にして敏感な感性をもっています。そして、幼い子どもの澄んだ目、生き生きとした表情に接するとき、わたしたち大人は心をなごまされ平和にされるのです。別言すれば、不法・不正・虚偽といった俗世の汚れにまみれてしまった大人、傲慢になって人間としての歩むべき道を踏み誤った大人に、己の至らなさに気づかせ、光の中を歩むようにと、子どもが呼び戻すのです。

障害のある子どもの教育に生涯を捧げた近藤益雄は、『詩集 この子をひざに』のなかで、次のように詠っています。

この子をしかり

ああ
この子を　しかり
なかせたり
されど
この子は　なきやみて
わが　ぬぎすてし　下駄を
そっと
そろえて　くれたり

ああ
この子は
われを　うらまず
わがために
よきことを
して　くるる

先生（近藤）に叱られて泣いていた子どもが、先生のぬぎすてた下駄を、そっとそろえてくれたことに、近藤はハッと心を打たれたのです。一時の感情で子どもを叱った自分の至らなさに気づかされたのです。そして、子どもこそが自分を照らしてくれるのだ、と悟らされるのです。

この意味で、子どもが〈世の光〉なのです。さらに言えば、子どもは人間が生きる道を照らす光なのです。してみると、〈世の光〉である子どもをこそ尊重しなければならないのです。

その四は、一人ひとりの子どもがかけがえのない人間なのだ、とモンテッソーリは捉えています。

それは、モンテッソーリが、子どもは自分の力で伸びていき、一人ひとりがかけがえのない人間になるようにという神の計画によって生まれてきているのだ、と考えていることによるのです。

どの子もかけがえのない存在であるということは、一人ひとりの子どもが、それぞれに輝く存在として生まれてきているということでもあります。そのことを東井義雄は次のように言っています。

どの子も　子どもは星
みんな　それぞれが　それぞれの
光を
いただいてまばたきをしている

（『子どもを見る目　活かす知恵』）

このことを別の面から考えてみますと、子どもは独自の存在として自分で生きていかねばならないのです。そのことをモンテッソーリは、「だれ一人として、この子に代わって成長してやれる者はありません」（『創造する子供』）と言っているのです。

また、東井義雄によると、仏教の経典「大無量寿経」に、「独り来り、独り去り、一の随う者なし」とあり、さらに「身みずからこれにあたる、かわる者あることなし」とあるそうですが、ここには人間は自分の道を独りで生きねばならぬことが示されているのです。以上、要するに、人間は誰かに代わって生きられず、代わってもらえないのです。したがって、子どもも独りで生きるようにならなければならないのです。

このゆえに、わたしたち大人にできることは、子どもを尊重し、子どもが独りで生きることができるように援助することなのです。そのことを、モンテッソーリは、「教育者（大人）が子どものうしろに立ち、子どもができるだけ速く前へ進むことができるように図ることである」（『子どもの何を知るべきか』）と言っているのです。

四　子ども尊重の教育の基底

子どもは、人間の生きる鏡、つまり〈世の光〉として生まれてきていることについては前述しました。このことを別言すれば、子どもは神に最も近いものとして生まれてきているということであり、彼は汚れなく、気高く生まれ、真理と徳とを体現するものとして生まれてきているということなのです（エマーソン『人間教育論』）。ここに、子ども存在の尊厳があるのです。

このゆえに、モンテッソーリは「子どもへの真の畏敬は、子どもの内なる神を尊敬するときに初めて可能になります」（『教会で生活する子ども』）と言って、子どもを尊重すべきだ、とするのです。

また、詩人にして教育論を展開したエマーソンも、子どもだけが、その本性上、みずから育つ筋道をもっているので、大人が余計な干渉・妨害をしてはならず、「子どもを尊重せよ」（『人間教育論』）と叫んでいるのです。

以上のように考えると、子どもを尊重する教育が重要であることがわかるのです。

子どもを尊重するというのが、モンテッソーリ教育の根本なのですが、子どもを尊重するというのは、モンテッソーリにとっては神のみ旨に沿うことなのです。そのことを、モンテッソーリは「人間のしなければならないことは、ただ一つです。それは神のみ旨を果たすことです」（『教会で生活する子ども』）と言っているのです。

ここにいう神のみ旨とは、子どもは「喜び」のために生まれてきているということです。モンテッソーリは、そのことを次のように言っています。「人間（子ども）は喜びのためにつくられ、宇宙の王者として生まれてきたのです」（『平和と教育』）。この「喜び」のために生まれてきている子どもに、わたしたち大人にできることは、子どもが喜びのうちに自立して生きられるように援助することなのです。

子どもに喜びの種をまくことを提唱した東井義雄は、次のような子どもの作文を紹介しています。

〈五年生女子の作文〉

「おとうちゃん、これ見て」

と、お父ちゃんに習字の清書を見せると、

「うん、なかなか上手にかけている。

でも、この字はもう少し大きく書いた方がよかった。もう一度、書きなおしてみ」というてくださった。

（『喜びの種をまこう』）

この作文について、東井義雄は次のように評しています。

このお父さんのことばは、あたたかさに充ちています。だから、この子にも、素直に受容されたようです。「いうてくださった」ということば使いにも、それが感じられます。

（前掲書）

東井義雄が言うように、子どもにあたたかい言葉をおくることによって、子どもの成長を助けることができるのです。あたたかい言葉は、子どもに喜びをよびおこす言葉だからです。

そしてまた、幼な子が「喜び」のうちに生きられるようにするには、子どもを中心において大人が子どもに寄り添って生きるほか道はないのです。子どもに寄り添うというのは、さきの作文に出てくるお父さんのような子どもへの接し方ではないかと思うのです。

このお父さんの生き方は、何よりも子どもを中心においた姿がうかがわれるのです。

このように子どもを中心において、子どもに寄り添うということは、とりもなおさず子ども存在の尊厳に畏敬を払いつつ、子どもを尊重することによって可能となるのです。さらに言えば、子ども存在の尊厳に畏敬を払いつつ、子どもを尊重するというのは、モンテッソーリが、「この人間の世界で宗教的な存在は子どもなのです」（『平和と教育』）と言って、子どもを宗教的存在と捉えていることによるのでもあります。

モンテッソーリ教育には、以上のような考え方が基底をなしている、と言うべきだろうと思うのです。そして、このモンテッソーリ教育を実践するには、大人（保護者）が謙遜になることが何よりも大切だと思うのです。

もし、一粒の麦が地に落ちて死ななければ、
それは一粒のまま残る。
しかし、死ねば、豊かに実を結ぶ。

（ヨハネによる福音書一二−二四）

聖書には、このようにありますが、ここには、一粒の麦をたとえにして、他の人のために謙遜になって尽くす（死ぬ）ことによって豊かな実りがもたらされるのだ、ということが

示されているのです。
してみると、保育者が謙遜になって子どもを尊重して教育するところに、モンテッソーリ教育が多くの実を結ぶ、と言えるのです。

（『自由を子どもに』25号）

第7章

宗教的存在としての子ども

一　創造の不思議・神秘

子ども中心の教育を説いたモンテッソーリの教育思想には、子ども尊重の考え方が貫流しています。そして、この考え方に基づく教育の実践は〈自然に従う教育〉でなければならないとされます。その教育法に関して、

わたしたちは一つの方法について語ることができるのみです。それは、人間の自然の発達に従う、ということです。（『吸収する心』）

と言っていることから明らかなのです。

ところで、モンテッソーリがいう自然の発達に従う教育の「自然」とは、人間の自然本

性のことでした。モンテッソーリは、植物の成長に一定の順序の法則があるように、人間の自然本性の発達にも一定の順序の法則があって、この順序の法則をゆがめたり、無視すると、人間は十全な成長・発達をしない、と説くのです。

モンテッソーリが、人間の自然本性の発達に法則がある、とするとき、「創造の不思議」を指摘しています。それは、他の生物と同様に、人間も受胎した胚細胞が二つ、四つ……と分裂し、増殖して人間としての身体を形成することです。この自然の営みを、モンテッソーリは「胎生学」と名づけていますが、それはまことに不思議な——神秘的なと言ってよい——創造なのであり、人智を超えた営みなのです。

また、この胚細胞は、さらに増殖して腸・胃・肝臓・肺臓といった身体器官の組織や感覚・神経の組織をつくっていくのです。そして、この世に生まれてきた新生児は、モンテッソーリが「吸収する心」と名づけた精神的なはたらきによって、外界を吸収しつつ精神や知性を豊かにしていくのです。

以上のような胚細胞のはたらきや新生児の成長・発達は、無意識のうちに、しかも順序を追って進んでいくのです。このことについて、モンテッソーリは、

神が、子どもには特有の自然本性を与えられました。また、このことによって肉

体的精神的生命に一定の発達の法則を決められたのです。（『教会で生活する子ども』）と捉えているのです。この捉え方に従うと、子どもは、本性上、自然本性の発達の法則に従って教育されることによって人間になれるものとして神が創造されたのだ、と言えるでしょう。

この意味で、子どもが眼の前にいるというのは、自然本性の発達に従って育つようにつくられた子どもがいるということであり、それはまた、宗教的存在としての子どもがいる、ということなのです。換言すれば、子どもの自然本性の発達に従う教育は、神の創造の意図に沿うという宗教的意味をもっているのだ、と言えるのです。

二　子ども存在の宗教性

子どもには、さまざまな能力の芽が与えられている、とモンテッソーリは考えています。そして、この能力の芽が伸びていくように大人が援助することによって、子どもは十全に成長・発達していく（『幼児と家庭』）、と捉えています。

このような考え方は、すでにペスタロッチにみられます。彼は、「子どもというものは、人間性のあらゆる能力を授けられている存在です」(『幼少期教育についての手紙』)と言い、その能力は伸びる可能性の芽として与えられているとするのです。

そのことをペスタロッチは次のように言っています。

樹木は
幼いときに保護してやり
幼いときに助けてやれば
地上から
まっすぐに
天に向かって伸びてゆく

(『親と教師への書簡』)

ここにいう「樹木」を「子ども」と読みかえれば、この言表はりっぱな教育論なのです。

宗教家にして教育者であった東井義雄は、その著『子どもを伸ばす条件』のなかで、次のように言っています。

子どもは生きています。子どもは伸びたがっています。

草の実が地におちて、芽生えの条件がそろうのを待ちこがれているように、子どもも伸びたいいのちをはちきれそうにたたえて、伸びる条件のそろうのを待ちこがれています。

むずかしい世の中です。伸びる条件がそろうのは容易のことではありません。しかし、せめて誰かが、自分のいのちにそっとふれてくれたらと、子どもはそれを待ちこがれています。

ここにいう「芽生えの条件」とか、「伸びたいいのち」というのは、どの子どもにも伸びようとする能力の芽が具わっていることを示したものなのです。

以上のように、子どもに伸びようとする能力の芽が与えられているとすれば、それを与えたのは誰でしょうか。それは神です。貧児の教育に生涯を捧げたペスタロッチは次のように述べています。

最も憐れな、最も見はなされた子どもにも神が与え給うた人間性の諸力をわたしは信じている。

（「シュタンツだより」）

表現は違いますが、モンテッソーリもまた、次のように言っています。

神は一つの本性を神秘的な方法で、わたしたちのうちにつくられたのです。

（『モンテッソーリ教育学の根本思想』）

ここにいう「一つの本性」とは、伸びる能力の芽を具えた自然本性のことです。以上のことは、子どもに具わっている能力の芽には、伸びるようにという神の意図がこめられていることを示すものだ、と解してよいのです。別言すれば、神は子どもの内にあってはたらいているのです。さらに言えば、神の意志と計画は、子どもがみずからの力で伸びていき、一人ひとりの子どもがかけがえのない人間になることなのです。それと同時に、子どもに与えられている能力の芽が、どれも調和して十全に伸びるように願われ、図られているのです。このことは、人間的能力が調和的に発達した「全人」の実現が計画されていることなのだ、と言えるのです。

教育とは、こういった神の意志と計画に従って子どもを助け導くことだ、と言わねばなりません。そのためには、子どもの成長・発達について、神がわたしたちにどのような方向を示されているのかを探し求めることが肝要なのです。そのためには、子どもを「よく見る」ことが前提となります。モンテッソーリが子どもを観察することを強調するのはこのためなのです。

このことは、サン＝テグジュペリの次の言葉と通じるのです。

心で見なくちゃ、ものごとはよく見えないってことさ。かんじんなことは、目に見えないんだよ。

（『星の王子さま』）

本来、神は人間を〈善きもの〉としてつくられました。特に、神は自分に最も近いものとして子どもをつくられたのです。それは、自分みずからは姿を現さないが、子どもを通して人間の生きる美しさと尊さを示さんがためなのです。モンテッソーリが、「神は、人びとが考えているよりも、はるかに不思議に子どもをつくられたのです」（『教会で生活する子ども』）と言っているのは、このことを意味しているのです。

子どもは生まれたときには、何ももたないで生まれてきているように思われます。しかし、子どもが成長すると共に、子どもの内にひそみかくされていた諸能力の芽が出て伸びていくのです。そして、どの芽も十全に伸びることによって調和ある人間（全人）となるのです。これはまことに不思議な営みであり、神のなせる業としか言いようがないのです。

それはまた、子どもの内に神をみることなのだと言ってもよいし、子どもは神の生命をもっていると言ってもよいのです。このように考えたモンテッソーリは、

この人間の世界で最も宗教的な存在は子どもです。（『平和と教育』）

と言って、子どもを宗教的存在だ、とするのです。

子どもが宗教的存在だというのは、子どもは永遠につながる存在であることを意味します。すなわち、どの子どもも一人ひとりが「一にして多」であり、「一に神が内在」し、永遠につながっているからです。ウィリアム・ブレイクは、これと同じ趣きを次のように詠んでいます。

世界を見る

一粒の砂に世界を見る
一本の野の花に天の国を見る
あなたの手のひらには無限があり

ひとときには永遠がある
（『珠玉の詩』）

森羅万象の世界を見れば、そこには永遠の相がある、ブレイクはこのようにみていますが、この永遠の相を子どもが最も純粋に秘めてもっているのです。ここで大切なことは、子どもが純粋に永遠の相を秘めているというのは、人類の未来に希望がある、ということなのです。

モンテッソーリは、科学技術が進んだ現代の文明社会では、人間は精神が涸《ひか》びて空虚になり、生きる方向と希望を見失っている、と捉えています。そのことをモンテッソーリは、「いま、一人ひとりの人間は、乾いた砂漠の砂粒同然なのです」（『平和と教育』）と言っているのです。

しかし、目を子どもに転じてみれば、彼らには「永遠」の輝きがあります。しかも、それは汚れを知らぬ、生き生きとした輝きなのです。この「永遠」を内に秘めている子どもに未来を託すところに人類の希望があるのです。こう考えて、モンテッソーリは子どもに希望をつないだのです。そのことを次のように表明しているのです。

子どもは、……人類にとっての希望であり、明るい約束でもあります。
（前掲書）

三　子ども存在の尊厳

子どもは宗教的存在であり、人類の未来を子どもに託し、そのために彼らに希望をつなぐとすれば、子どもを尊重するほかありません。しかし、子どもを尊重するとはどういうことでしょうか。このことにつて考えをめぐらせておくことが重要です。そこで、以下に子どもを尊重することの意味を考えてみたいと思います。

その一は、子どもは〈生きる〉ことに向かう存在であるということです。子どもは活動します。健康であり、時間があれば、よく動きます。また、興味があると、集中してあかず活動します。これは子どもが生きようとしている証左です。それゆえに、子どもには活動の自由が保障されねばなりません。モンテッソーリは、このように考えるのです。

ところで、子どもに活動の自由を保障するのは、子どもを尊重することによってでなければなりません。子どもは活動を好むから自由を保障するのではなく、神的な自然本性をもっている子どもを尊重するがゆえに、自由を保障するのです。逆に言えば、自由を保障されて活動することによって、子どもは神的な自然本性の姿を現すのです。

その二は、子どもは未来に開かれた存在であるということです。前述のように、子どもは〈生きる〉ことに向かう存在なのですが、それは子どもが「今」（現在）を生命（いのち）いっぱいに生きることなのであり、そのことによって未来を生きる準備をしている存在であるのです。別言すれば、未来は子どものために開かれている、ということです。モンテッソーリが、未来の人間をつくるのは子どもである、と捉えているのは、このためです。

人間は、自分がもっている力を相応に出しながら、平和に生きるものとしてつくられているはずです。しかし、現実の人間界は争いと不安に満ちている、と言ってよいのです。そして、このままでは希望がありません。そこで、平和な未来社会の実現は、子どもに託すほかないのです。自分（個）をつくり、明るい未来社会をつくるのは子どもだからです。

モンテッソーリは、いま「子どもの時代が到来している」（『幼児の秘密』）と言っていますが、この言表は、いま、子どもがもっている生きるための諸能力と権利を認め、子どもを未来社会へ送るようにするときなのだ、ということを言ったものなのです。そして、そのためには何よりも子どもを尊重することが前提なのだ、ということを示したものでもあります。

その三は、子どもはこの「世の光」としてつくられ、この世に送られた存在であるといなるほど、子どもは受胎と誕生によって、この世に生まれ出てきているのではありません。しかし、その受胎と誕生は神のなせる業であり、神秘的なのです。この意味からして、大人——両親——は、神から子どもを託され、預かったのだ、と言わねばなりません。

子ども——特に、幼い子ども——は、何よりも汚れのない心、わだかまりのない心、柔軟にして敏感な感性をもっています。また、澄んだ目をした子ども、生き生きとした表情をしている子どもに接するとき、わたしたち大人の心はなごまされ平和にされるのです。別言すれば、虚言・不法・不正・傲慢といった俗世の汚さにまみれてしまった大人、みずから人間として正しく歩むべき道を踏み誤まり、他人をも迷わせている大人に、己の至らなさに気づかせ、光の中の道を歩むように、子どもが呼び戻すのです。この意味で、子どもが「世の光」なのです。その子どもを、神がこの世に送られたのです。

心身に障害のある子どものための教育施設を開設し、子どもたちに生涯を捧げた糸賀一雄（一九一四－六八）は、障害のある子どもにあわれみの心で光を与えるのではなく、かえって懸命に生きるその子どもの姿こそ、〈いのち〉の尊さを教えてくれる「世の光」である、と説いています（『この子らを世の光に』）。

前述のことから、大人よりも、子どもこそが「世の光」である、と言わねばならないのです。こう捉えると、「世の光」である子どもこそ、大人は尊重しなければならないのです。子どもは神に最も近い似姿としてつくられています。子どもは汚れなく気高く生まれ、真理と徳を体現するものとして生まれています（エマーソン『人間教育論』）。これを言い換えれば、人間の生きる鏡、「世の光」として、子どもは生まれているのです。ここに、子どもも存在の尊厳があるのです。

このように子どもを見る人は、畏敬の念におののくでしょう。その人は、子どものうちに神を見るからです。（『教会で生活する子ども』）

子どもへの真の畏敬は、子どものうちなる神を尊敬するときに初めて可能になります。（前掲書）

このように言って、モンテッソーリは、子どもを尊重するべきだ、としています。エマーソンもまた、子どもだけが、その本性上、みずから育つ筋道をもっているので、大人は余計な干渉・妨害をしてはならず、「子どもを尊重せよ」（『人間教育論』）と叫んでいるのです。以上のようにみてくると、教育上、子どもを尊重することがいかに重要であるかがわかるのです。

さて、子どもを尊重するというのは、神のみ旨に添うことです。それゆえに、モンテッソーリも、

人間のしなければならないことは、ただ一つです。それは神のみ旨を果たすことです。

（『教会で生活する子ども』）

と言っているのです。ここにいう神のみ旨とは、子どもは「喜び」のために生まれてきているので、尊重の念をもって子どもが喜んで生きられるように大人が図ることなのです。ウィリアム・ブレイクは、そのことを次のように詠っています。

幼児の喜び

「ぼくには名前がないんだ。生まれてから二日しかたってないからかなぁ」

なんて呼んでほしいの？

「ぼく、倖せなんだ、
ジョイ（喜び）って名前がいいよ」
そうね、素的なジョイがお前にありますように！

素晴らしいジョイ！
生まれて二日たったばかりの素的なジョイ！
素的なジョイって呼んであげるわね。
まぁ、可愛い笑顔だこと――
母さんが子守唄を歌ってあげるわね――
素的な喜び（ジョイ）がお前の上にありますように！

（『イギリス名詩選』）

幼な子が「喜び」のうちに生きられるようにするには、子どもを中心において、大人が子どもと共に生きるよりほかに道はないのです。それは、イエスが、

幼な子たちがわたしのもとに来るのを止めてはいけない。神の国はこのような人たちのものだからである。

（マルコによる福音書一〇・一四）

あなたたちによく言っておく。幼な子のように神の国を受け入れる者でなければ、けっしてそこにはいることはできない。

（ルカによる福音書一八－一七）

と言って、何よりも子どもを中心におくことを説いていることからも明らかです。そのことは、とりもなおさず、子ども存在の尊厳に畏敬しつつ、子どもを尊重することによって可能となるのです。そして、子ども存在の尊厳に畏敬し、子どもを尊重するというのは、子ども存在そのものが宗教的であることによるのです。それゆえに、モンテッソーリは、「この人間の世界で宗教的な存在は子どもである」（『平和と教育』）と言っているのです。この考え方が、モンテッソーリ教育思想の根底をなしている、と言うべきであろうと思うのです。

（京都モンテッソーリ教師養成コースでの講義）

第8章 平和と子ども

一 二〇世紀は子どもの世紀であったか

スウェーデンの教育思想家エレン・ケイは二〇世紀を「子どもの世紀」と捉え、二〇世紀を明るい平和な世紀にすることを願い、子どもに希望を託しました。しかし、二〇世紀はエレン・ケイが思い描いたように、子どもの世紀であったでしょうか。果たして、二〇世紀は子どもにとって幸せであり、子どもを平和の実現につないでいく希望がもてた世紀だったでしょうか。

このような問いに対しては、二〇世紀は子どもにとっては受難の世紀であった、と言ってよいと思うのです。二〇世紀において、人類は二度にわたる世界大戦とそれにまつわる飢えや虐待を体験してきたのです。その場合、いつでも子どもは社会的弱者であり、犠牲者であったのです。

また、いまは一見して平和であるようにみえていますが、人間は本当に平和を実感しているのでしょうか。このことに関しては、外見的には平和にみえていながら、人間は内面的には平和ではない、と言えると思うのです。というのは、科学技術の進歩で物的には豊かになりましたが、社会変動が大きく、人間は孤立した生活を営み、先ゆき不透明ななかにあって生きる目当てがもてず、不安を感じている人が多いと思うからです。

キェルケゴール（一八一三－五五）は、人間の精神が無であるとき不安をつくり出す（『不安の概念』）と言っていますが、いま生きている多くの人がこの不安をもち、生きる方向を見定められなくなっているのではないでしょうか。この限りにおいて、人間は精神的内面的な平和が見出せないのです。

とはいえ、人間は平和を求めてやまないのですし、平和を必要としているのです。

二　平和の希求

二〇世紀において、人類は二つの世界大戦を引き起こし、そこから多数の死者、飢え、社会的混乱、人心の荒廃といった大きな犠牲を払う体験をしたことについては、すでに触れてきました。

では、このような犠牲を払ってまで、人間はなぜ戦争をひき起こすのでしょうか。領土の拡大、資源の確保、民族的政治的対立抗争、宗教的対立抗争などが戦争の原因だ、とよく言われます。すでに、カント(一七二四—一八〇四)は「人間は利己的な傾向を有する」(『永遠平和のために』)と言い、ハーバート・リードは「人間はだれでも基本的には攻撃的である」(『平和のための教育』)と述べて、人間の根底には争う傾向性があることを指摘しています。このことから言うと、私たち一人ひとりの内面には争い(戦争)への芽があることを自覚せねばならないのです。

モンテッソーリも、「戦争は、実のところ武器がその原因となるのではなく、人間がそれをひき起こす」(『平和と教育』)と言っています。このことは、戦争をひき起こすのは人間であり、人間の内面性に起因するということなのです。そして、ここには、いつでも人間自身によって戦争がひき起こされる危険性のあることが示されているわけです。

ところで、モンテッソーリは、戦争は領土侵略、他国の征服、人権の蹂躙をもたらすことにとどまらず、戦勝国、戦敗国の双方にとって得るところはない、と言い、さらに現代の戦争は全人類を破滅に導くとしています。これと同様に、ハーバート・リードは「こんにちの戦争は、全か、わずかに生き残ることができるか、そのいずれかをもたらすだけだ」(『平和のための教育』)と言い、サン=テグジュペリも「今日の戦争は地上のすべてのものを破壊し、交戦国の両方を腐らせてしまう」（『人間の土地』）と言っています。要するに、戦争は、さまざまな文化、多くの民族、地球全体を破滅させる危機をはらんでいるのです。

このことから、モンテッソーリは「戦争は、もはやいかなる種類の利益をも、決してもたらすことがありません」（『平和と教育』）と言って、戦争をしてはならないと訴えるのです。そして、次のように言うのです。

人間の運命を決めるのは人間自身です。人間がみずからの手から武器を捨てるその瞬間に、人類にとって光輝く日が始まるのです。（前掲書）

さきほど、ハーバート・リードの言葉を借りて、人間は内面に争う傾向性をもっていることを指摘しました。しかし、反面において、人間は心底から平和を求め、平和を必要としているのです。人間は平和に生きたい存在でもあるのです。

若き日本戦没学生の遺稿を編集した『新版　きけ　わだつみのこえ』に、

言いのこす言葉はなくてすこやかに
くらせというに涙ぐみしか

というのがあります。

これは鈴木保次さんの遺稿ですが、戦争へと駆り出された鈴木さんが、駅の改札口で妹さんと別れるときを詠ったものです。ここには肉親の別れのつらさ、戦争の非情、平和への希求が渾然一体に詠み込まれていると思うのです。それは、人間は本来的に平和を求め、平和を必要としていることなのです。

同様のことから、モンテッソーリは、

人間は精神的な安らぎと平和を必要としています。人間は光を必要としています。（『平和と教育』）

平和は、人間性と社会の有すべき現実的な基本原理の一つであり、人間自身の本性にその根拠をおいています。平和は人間を圧迫するどころか、人間を高揚します。（前掲書）

と言って、平和の必要性を説くのです。

モンテッソーリは、平和というのは、分立した諸国家間の部分的な休戦ではなく、人類全体を包括する一つの平和の永続的な状態のことだ、と言うのです。この状態は、宇宙を包括する世界文化と文化程度の高い人類社会が維持されていることを意味し、それはまた有機体としての人類共同体を意味しているのです。言い換えれば、人類は一つという理想のもとに「単一国家」(平和の国)の実現をめざすものだったのです。さらに言えば、これがモンテッソーリの平和実現の理想だったのです。

三　平和のための教育

モンテッソーリにとっては、人類のおかれている状況は、平和実現の理想からははるかにかけはなれたものでした。それは、科学技術の発達に伴って人間の生活が豊かになったかにみえはしますが、その生活の内実においては人間の精神は干からびて、互いが孤立していると、モンテッソーリの目に映ったからです。そのことを、「人類は野蛮で精神的に混乱した状態に落ち込んでおり、ひとりひとりの人間は今や砂漠の渇いた砂粒同然です」(『平和と教育』)と言っているのです。このことはまた、現代の人間が理性を喪失してしまったことを指摘したものでもあるのです。

このような状況を踏まえて、モンテッソーリは「当然果たされて然るべき正義、調和、愛といった重大な社会の仕事が、いまだ実行されておりません」(前掲書)と言って、人間性や人間の理性を取り戻す必要性を訴えているのです。別言すれば、モンテッソーリは、戦争を回避するのは政治の仕事であり、平和を築くのは教育の仕事である、と考えているのです。そのことを、モンテッソーリは、

私は、教育によって平和の基礎を築くことこそ、戦争を防ぐ最も有効かつ建設的な仕事だと考えています。(前掲書)

と言っているのです。

ところで、モンテッソーリは、現代の教育を二つの面から捉えています。

一つは、競争心による教育であった、と言うのです。そして、競争心による教育では、子どもたちは真理の追求、他者との協力、人びとを愛するといったことのためには育てられていない、と言っているのです。

二つには、学習の強要であった、と捉えています。そして、この学習を強要する教育は「われわれはみなきょうだいである」という教育の基礎を忘れてしまう、と言うのです。

以上のことを要するに、モンテッソーリの教育思想の核心をなすのは、平和の実現に向

けての教育であった、と言えるのです。

また、ハーバート・リードも「こんにちの教育組織は『分裂させる』教育だと断言してもさしつかえない。それは人々を結びつけようとせずに、人々を分離させるように働いている」(『平和のための教育』)と断じています。こうした教育は、真理を獲得し、真理を追求する教育、他の人と協力してよい生涯を築く教育、他の人びとを愛する教育ではないのです。

このようなことから、モンテッソーリは人間性を内的に発達させる教育、個々の人間が相互に交流しあえる教育が重要であるとするのです。ここには、個人の尊厳と人間的交流の統合されたモンテッソーリの教育観があります。個人の尊厳と人間的交流の統合されたこの教育は、「全人類がきょうだいとして仕え合う」教育のことなのです。モンテッソーリは、いまこの教育が求められているのであり、この教育によって平和の実現に貢献できるとしたのです。

モンテッソーリは、全人類がきょうだいとして仕え合う教育を提唱しましたが、それは、この教育によってこそ、平和の実現に近づくことができると確信していたからなのです。

このことは、

教育には平和を建設するという使命が委ねられています。

(前掲書)

とするモンテッソーリの言表に、よく表われているのです。

平和実現の基礎を築くという願いを込めた教育の場が、モンテッソーリにとっては「子どもの家」だったのです。その「子どもの家」は、子どもが独り立ちできるように援助するところであり、子どもが生きる希望と光を感じとるよう手をさしのべるところである、と考えられているのです。ここには、未来社会の平和実現のために、子どもに希望を託しているモンテッソーリの思想が読みとれるのです。

四　平和の架け橋としての子ども

モンテッソーリは、著書『平和と教育』において、

平和を築くのは教育の仕事です。

教育は人類の救いのためにこそ必要なのです。

と述べて、平和実現のために教育の重要性を説いています。しかも、その教育には未来社

会を担って生きる子どもの教育に力点をおいているのです。ここに、〈子どもから〉というモンテッソーリの教育思想が生きているのです。

モンテッソーリは、平和の実現のために子どもに希望を託していました。それは、いまの大人たちに平和の実現を期待することはできないと考えていたからなのです。換言すれば、大人たちは精神的に硬直化していて、大人の世界では正義や理性が見失われている、とモンテッソーリは捉えているのです。

大人たちに平和実現の期待がもてないとすると、子どもに希望を託すほかありません。すでに早く一七世紀の教育思想家コメニウスが「人類の破滅を救うには青少年を正しく教育するより有効な道はほかにない」(『大教授学』)と述べて、子どもに希望を託したのでした。また、二〇世紀の第二次世界大戦中に多くの子どもに生涯を捧げ、子どもと共にガス室に消えていったコルチャックは、「子供、それは春のようだ」(『もう一度子供になれたら』)と言っています。これは、森羅万象が芽ぶき成長していく希望の季節が春であることになぞらえて、子どもが世界にとっての希望であることを言ったものなのです。

モンテッソーリもまた、「子どもがわたしたちに人類の救いを約束するのです」(『平和と教育』)と言い、「子どもは(中略)人類にとっての希望であり、明るい約束でもあります」(前掲書)と述べて、平和の実現のために子どもに希望を託したのでした。その上で、

分裂している人間社会を修正する道は、新しい希望の存在としての子どもの教育なのです。（前掲書）

と言っているのです。

以上、要するに、モンテッソーリは子どもに希望を託したのです。それは子どもが人間として豊かに育ち、平和な人類社会を創出する架け橋となることへの希望でした。この希望が未来を切りひらくのです。それは、司祭グティエレスが言うように「希望は（中略）未来に向けられた人間存在の鍵となる。それは現状を変革する」（『解放の神学』）からであり、「希望というのは、未来を知ることではなく、むしろ、幼な子のような霊的な態度で、未来を賜物として受け入れるべく開かれている」（前掲書）ことなのだからです。

ところで、子どもの教育は粘りづよさが必要であり、時間のかかる営みです。しかも、子どもの教育は子どもへの信頼と愛に支えられ、希望の星に導かれるものなのです。

すでに触れてきたことですが、二〇世紀の第二次世界大戦中に、ポーランドのワルシャワで肉親を失った子どもたちのために二つのホーム（教育施設）をつくり、みずからは子どもたちの父親に徹して、子どもたちに自分を捧げたコルチャックは、二〇〇人の子どもたちと共にナチスの暴虐の犠牲となって死の道を歩んだのです。ここには、子どもへの信頼と愛で結ばれ、子どもを守り共に死に向かったコルチャックの姿があるのです。
ハーバート・リードは、

人生はでき得るかぎり安全な遊びで過ごされるべきだ。もっとも価値ある人間は神の命ずるままに遊ぶ人間である。そうして、人生を過ごす最良の方法は、神に気に入るように遊ぶことである。こういうのがプラトンの結論であった。

(『平和のための教育』)

と述べていますが、ここにいう「遊び・遊ぶ」とは、何かあることに魂を傾注し打ち込んで、一途に生きることを意味していると思うのです。神は人間にこのように命じておられるので、その意向に沿って生きることによって神に気に入る人となれるのです。神の意向に従って、神に気に入るように子どものために遊んだ人、それがコルチャックであった、と思うのです。

それはまた、

もし、一粒の麦が地に落ちて死ななければ、それは一粒のまま残る。しかし、死ねば、豊かに実を結ぶ。

（ヨハネによる福音書一二―二四）

と言われるごとく、子どもに自分を捧げつくしたものだった、と思うのです。翻って考えてみますと、いま私たちが取り組まなければならない教育の一つは、平和のための教育です。それは平和な社会を築き、そこに生きることができるようにと、子どもたちを未来に託していくのが大人の責務であるからなのです。そのためには、平和の担い手であり架け橋となる子どもたちに希望をもって教育実践をしなければならない、と思います。

希望は未来を先取りします。また、

（希望は）あらゆる感情の中でもっとも人間的であり、人間のみがそれを経験しうる。それはもっとも広く、もっとも輝かしい地平に結ばれている。

（グティエレス『解放の神学』）

と言われるのでもあります。してみると、わたしたちは希望を失ってはならず、希望に導かれて教育は実り多いものとなるのです。

カルネイが、「小さきもの」と題して、次のように詠んでいます。

一滴の水と
一粒の砂が
大海と
楽園をつくるのです

（『珠玉の詩』）

この詩は自然の営みのふしぎさ・偉大さを詠んだものでしょうが、視点をかえると、個性の異なる一人ひとりの子どもが、未来をつくり、平和な社会をつくるとして、子どもに希望を託したものだとも解することができます。

また、子どもの教育に生涯を捧げたスイスのペスタロッチは、次のように言っています。

ああ、小さいもののうちに偉大なものを予感することは、わたしたちにとって気持ちのよいことです。

（「一八一一年元旦　新年講話」）

この言表には、ペスタロッチが未来に思いを馳せ子どもへの希望を語っていることが読みとれるのです。

教育は子どもに希望を託すことから始まります。いま、求められているのは、子どもへの希望に支えられた教育でしょう。このことから言えば、モンテッソーリの教育精神が改めて見直されるときにきていると言えると思うのです。平和実現の視点からみれば、一層このことが強調されねばならないのです。

（京都モンテッソーリ教師養成コースでの講義）

参考文献一覧

本書で引用および参照した文献は、次のとおりです。本文中では、文献の書名のみを記しました。なお、外国文献については、この一覧の括弧内に示した書名を記しています。また、いずれの場合も引用箇所のページは省略しました。

〔邦　文〕

糸賀一雄『この子らを世の光に』柏樹社、一九六五年
エマーソン、ラルフ・ウォルドー／市村尚久訳『人間教育論』明治図書、一九七一年
小野慶太郎『教育方法の底にあるもの』明治図書、一九八〇年
カント／宇都宮芳明訳『永遠平和のために』岩波文庫、一九八五年
キェルケゴール／斎藤信治訳『不安の概念』岩波文庫、一九五一年
ギュスドルフ、ジョルジュ『何のための教師』みすず書房、一九七二年
グティエレス、グスタボ／関望・山田経三訳『解放の神学』岩波書店、一九八五年
ケイ、エレン／原田實訳『児童の世紀』玉川大学出版部、一九六五年
コーエン&ルドルフ／森上史朗訳『幼児教育の基礎理論　上・下』教育出版、一九八三年
コメニウス、ヨハネス・アモス『大教授学』明治図書、一九六二年
コルチャック、ヤヌシュ／近藤康子訳『もう一度子供になれたら』図書出版社、一九九三年

近藤二郎『コルチャック先生』朝日文庫、一九九五年
近藤益雄『詩集 この子をひざに』日本ブックエース、二〇〇六年
サン=テグジュペリ／堀口大学訳『人間の土地』新潮文庫、一九五五年
――／内藤濯訳『星の王子さま』岩波書店、一九七一年
高階玲治編集『「生きる力」一〇〇の課題徹底理解』教育開発研究所、一九九七年
デューイ、ジョン／宮原誠一訳『学校と社会』春秋社、一九五五年
――／原田實訳『経験と教育』春秋社、一九五六年
照屋敏勝『幼児から何を学ぶべきか』新読書社、一九九〇年
東井義雄『子どもを伸ばす条件』明治図書、一九六〇年
――『子どもを見る目 活かす知恵』明治図書、一九八八年
――『喜びの種をまこう――誰でもできる無財の七施』柏樹社、一九九〇年
――『東井義雄「いのち」の教え』佼成出版社、一九九二年
トルストイ／小沼文彦訳『ことばの日めくり〔改訂版〕』女子パウロ会、一九八八年
日本戦没学生記念会編『新版 きけ わだつみのこえ』岩波文庫、一九九五年
平井正穂編『イギリス名詩選』岩波文庫、一九九〇年
フリットナー、アンドレーアス／森田孝監訳『教育改革 二〇世紀の衝撃』玉川大学出版部、一九九四年
ブレツィンカ、ヴォルフガング／岡田渥美・山崎高哉監訳『価値多様化時代の教育』玉川大学出版部、一九九二年
フレーベル、フリードリッヒ・ヴィルヘルム・アウグスト／荒井武訳『人間の教育 上・下』岩

波文庫、一九六四年
ペスタロッチ、ヨハン・ハインリヒ／長田新訳「シュタンツだより」同『隠者の夕暮・シュタンツだより』岩波文庫、一九四三年
――「ノイホーフだより」長田新編『ペスタロッチー全集　第一巻』平凡社、一九五九年
――「クリストフとエルゼ」長田新編『ペスタロッチー全集　第四巻』平凡社、一九五九年
――「七三歳誕生日の講話」長田新編『ペスタロッチー全集　第一三巻』平凡社、一九六〇年
――「親と教師への書簡」長田新編『ペスタロッチー全集　第一三巻』平凡社、一九六〇年
ペルツ、モニカ／酒寄進一訳『コルチャック――私だけ助かるわけにはいかない！』ほるぷ出版、一九九四年
ホイジンガ、ヨハン／高橋英夫訳『ホモ・ルーデンス』中央公論社、一九六三年
宮本常一『日本の子供たち』未來社、一九六九年
椋鳩十『感動は心の扉をひらく――しらくも君の運命を変えたものは？』あすなろ書房、一九八八年
――『人間・出会いのすばらしさ――椋鳩十のわんぱく時代』あすなろ書房、一九九〇年
モンテッソーリ、マリア／鼓常良訳『幼児の秘密』国土社、一九六八年
――／鷹觜達衛訳『幼児と家庭』エンデルレ書店、一九七一年
――／鼓常良訳『子どもの発見』国土社、一九七三年
――／武田正實訳『創造する子供』エンデルレ書店、一九七四年
――／平野智美訳『モンテッソーリ教育学の根本思想――モンテッソーリの著作と活動から』エンデルレ書店、一九七四年

――――／小笠原道雄・高祖敏明訳『平和と教育――平和を実現するための教育の意義』エンデルレ書店、一九七五年
リード、ハーバート／周郷博訳『平和のための教育』岩波書店、一九六〇年
ロート、ハインリッヒ／川村覚昭・下山田裕彦訳『ペスタロッチーの人間像』玉川大学出版部、一九九〇年
ロラン、ロマン／片山敏彦訳『ジャン・クリストフ（世界文学全集1・2）』河出書房新社、一九六四年
ルソー、ジャン・ジャック／永杉喜輔ほか訳『エミール』玉川大学出版部、一九六五年

〔欧　文〕

Bollnow, Otto Friedrich: *Die pädagogische Atmosphäre*, Quelle & Meyer Verlag, 1964.（『教育的雰囲気』）
Froebel, Friedrich: *A Selection from His Writings*, Cambridge University Press, 1964.（『フレーベル著作選集』）
Montessori, Maria : *Kinder, die in der Kirche leben*, Herder, 1964.（『教会で生活する子ども』）
――――: *What You Should Know about Your Child*, Kalakshetra Publications, 1966.（『子どもの何を知るべきか』）
――――: *The Child*, The Theosophical Publishing House, 1967.（『子ども』）
――――: *The Absorbent Mind*, Kalakshetra Publications, 1973.（『吸収する心』）
Pestalozzi, Johann Heinrich: Rede am Neujahrstage 1811, in *Heinrich Pestalozzi Gesammelte*

Werke, Achter Band, Rascher Verlag, 1946.（「一八一一年元旦　新年講話」）

――――: Schwanengesang, in *Heinrich Pestalozzi Gesammelte Werke, Zehnter Band*, Rascher Verlag, 1947.（『白鳥の歌』）

――――: *Letters on Early Education*, Yushodo Booksellers Ltd., 1972.（『幼少期教育についての手紙』）

The Golden Treasury of Poetry, Golden Press, 1974.（『珠玉の詩』）

著者紹介

片 山 忠 次（かたやま ちゅうじ）

兵庫教育大学名誉教授
大阪樟蔭女子大学名誉教授
文学博士／専攻　幼児教育学

〔主な著書〕
『ペスタロッチ幼児教育思想の研究』法律文化社、1984年
『かかわりの教育』（共著）福村出版、1986年
『子どもの育ちを助ける――モンテッソーリの幼児教育思想』法律文化社、2000年
『現代生活保育論』（共編著）法律文化社、2003年
『子どもの育ちと教育環境』（共著）法律文化社、2007年

Horitsu Bunka Sha

子ども この尊きもの
――モンテッソーリ教育の底を流れるもの

2019年5月20日　初版第1刷発行

著　者　片 山 忠 次

発行者　田 靡 純 子

発行所　株式会社 法律文化社

〒603-8053
京都市北区上賀茂岩ヶ垣内町71
電話 075(791)7131　FAX 075(721)8400
http://www.hou-bun.com/

印刷：共同印刷工業㈱／製本：㈱藤沢製本
装幀：石井きよ子

ISBN978-4-589-04003-9

林　勲編〔Q&A教育学〕

教育の原理〔第3版〕

A5判・二五六頁・二三〇〇円

Q&A形式で基礎知識や重要事項をわかりやすく解説した定番の教科書。いじめ、体罰、道徳の教科化など今日的課題や進行中の教育改革も取りあげる。8章81項目、巻末に関連法規を付す。

松本伊智朗編

「子どもの貧困」を問いなおす
―家族・ジェンダーの視点から―

A5判・二七四頁・三三〇〇円

子どもの貧困を生みだす構造のなかに家族という仕組みを位置づけ、歴史的に女性が負ってきた社会的不利を考察、論究。「政策」「生活の特徴と貧困の把握」「ジェンダー化された貧困のかたち」の3部12論考による貧困再発見の書。

新・保育環境評価スケール

①〈3歳以上〉〔ECERS-3〕
②〈0・1・2歳〉〔ITERS-3〕
③〈考える力〉〔ECERS-E〕
④〈放課後児童クラブ〉〔SACERS-Updated〕

B5判・平均一一〇頁・①～③一九〇〇円／④二四〇〇円

子どもの保護、社会性・情緒の発達および知的発達の助長という保育集団の機能を診る。6テーマ35項目。

子どもと保育者の言語的な関わりや「学び」を育てる重要性に注目。6テーマ33項目。

子どもが自発的に物事を考える力に焦点をあてる。「文字と言葉」「数量形」「科学と環境」「多様性」の4テーマ15項目。

放課後の生活の場である児童クラブ。保育の質と人的・物的環境の改善をめざす7テーマ47項目。

保育環境評価スケール（ERS：Environment Rating Scale）とは

・アメリカで開発された、保育の質を総合的に測る尺度（ツール）
・テーマ（サブスケール）に分けた項目を7段階で客観的に評価
・世界の多くの国で採用、改訂を重ねる

＊ERS®は、コロンビア大学ティーチャーズカレッジの登録商標です。